"十四五"职业教育国家规划教材

Cabin Safety
客舱安全（第3版）

主　编 / 刘小娟
主　审 / 徐娟娟

人民交通出版社股份有限公司
北京

内 容 提 要

本书参照《大型飞机公共航空运输承运人运行合格审定规则》（CCAR-121FS-R7）的相关规定，并结合国内外航空公司在客舱安全方面的通行做法，较为详细地叙述了客舱乘务员应该掌握的客舱安全的规则、飞行常规程序和应急程序，同时还配套有微课程视频、应急实操视频等丰富的数字资源，旨在使学生能较好地掌握中国民用航空局有关客舱安全的相关规定、客舱应急设备的操作程序和注意事项、紧急情况处置指南以及紧急撤离的基本程序等内容。

本书共有8章，主要内容包括：客舱安全规则、客舱乘务员飞行工作四个阶段、机上通用应急设备、客舱紧急情况及处置程序、特殊航线运行、飞机紧急撤离以及事故后的逃生技能。

本书可作为本科和高职类院校航空运输类专业教材，也可作为航空公司客舱乘务员初始培训的参考资料。

图书在版编目（CIP）数据

客舱安全 / 刘小娟主编 . —3 版 . —北京：人民交通出版社股份有限公司, 2023.8
 ISBN 978-7-114-18929-6

Ⅰ.①客⋯ Ⅱ.①刘⋯ Ⅲ.①民用航空—旅客运输—客舱—安全管理—教材 Ⅳ.① F560.82

中国国家版本馆 CIP 数据核字 (2023) 第 147203 号

声 明

本书所有漫画均受中华人民共和国宪法和著作权法保护。人民交通出版社股份有限公司依法享有本书专有出版发行权，未经作者和人民交通出版社股份有限公司同意，任何单位、组织、个人不得以任何方式对本作品进行全部或局部的复制、转载、出版或变相出版。

任何侵犯本书权益的行为，人民交通出版社股份有限公司将依法追究其法律责任。

举报电话：(010) 85285150

人民交通出版社股份有限公司

Kecang Anquan

书　　名	客舱安全（第3版）
著 作 者	刘小娟
责任编辑	吴燕伶
责任校对	赵媛媛
责任印制	张　凯
出版发行	人民交通出版社股份有限公司
地　　址	(100011) 北京市朝阳区安定门外外馆斜街 3 号
网　　址	http://www.ccpcl.com.cn
销售电话	(010) 59757973
总 经 销	人民交通出版社股份有限公司发行部
经　　销	各地新华书店
印　　刷	北京印匠彩色印刷有限公司
开　　本	787×1092　1/16
印　　张	11.25
字　　数	176 千
版　　次	2014 年 8 月　第 1 版 2018 年 8 月　第 2 版 2023 年 8 月　第 3 版
印　　次	2023 年 8 月　第 3 版　第 1 次印刷　累计第 10 次印刷
书　　号	ISBN 978-7-114-18929-6
定　　价	49.00 元

（有印刷、装订质量问题的图书，由本公司负责调换）

第3版前言

时光荏苒,转瞬间,由人民交通出版社股份有限公司出版的《客舱安全》已经发行了近十年。令人欣慰的是,该书自发行以来广受欢迎,成为众多院校航空运输类专业首选教材,发行量逐步扩大,可以说,完全实现了编者编写这本教材的初衷。而另一方面,由于当时编者及方方面面存在的局限性,本书在使用过程中也发现了一些问题;且交通运输部《大型飞机公共航空运输承运人运行合格审定规则》第七次修订版已于2021年3月15日施行。因此,根据新的审定规则,编者对教材内容、案例和练习题进行了更新和完善,以保证教材内容与时俱进。

与前一版本的《客舱安全》相比较,本书沿袭了其基本思路,从《大型飞机公共航空运输承运人运行合格审定规则》中与客舱安全相关的规定开始,结合客舱乘务员飞行工作四个阶段,融合了应急设备的检查和使用、机上常见的应急情况和处置、特殊航线运行、紧急撤离和撤离后的逃生等内容。为引导学生树立正确价值观和职业观,帮助学习者更好地理解并掌握教材内容,每一章节都提炼有素质目标和学习目标;为方便学习者课后复习和总结,每一章节都附有本章小结和类型丰富的思考与练习题;为了使教材内容更加丰富,本教材包含了较多的案例及案例分析,并就相关民航知识进行了拓展;同时,本教材还配套了微课程视频、实操视频等数字资源,涵盖核心知识点、应急设备操作要点、应急处置与撤离的程序和要点等知识,扫描封面和书中二维码即可观看。

本教材由中国民航大学刘小娟主编,第一版各章编写人员分工为:中国民航大学赵玉秋编写第一章、第二章,中国民航大学孙重凯编写第三章、第八章,中国民航大学宋桂娟编写第四章～第六章,中国东方航空云南有限公司资深客舱安全教员秦克英编写第七章。在本教材修订中,中国民航大学刘小娟老师负责第一章、第三章的修订,迟壮老师负责第二章的修订和案例更新,宋桂娟老师负责第四章～第八章和练习题的修订,奥凯航空有限公司客舱服务部副总经理林浩负责典型任务工作单和案例库的完善、修订。

  本教材在修订过程中,得到了国内相关航空公司和人民交通出版社股份有限公司的大力支持。本书部分资料引自中国民用航空局相关规章和波音公司、空中客车公司的相关规章与手册,部分照片由海南航空股份有限公司提供,在此我们一并表示感谢。

  由于学术水平、研究能力和教学经验诸方面的限制,教材仍有诸多缺憾,恳请各位读者和客舱安全管理专家批评指正。

编 者
2023 年 6 月

教材配套资源说明

本教材配套了丰富的教学资源，通过多种手段丰富知识的呈现形式，拓展教材内容，可为教学组织和教学实施服务，有效激发学生的学习兴趣和积极性。本教材配套的教学资源，由人民交通出版社股份有限公司、中国民航大学、奥凯航空有限公司合作制作，实用性强，资源类型丰富。主要包括以下几类：

（1）每一章均配套由资深教师精讲的微课程视频，对核心知识点进行重点讲解，方便学生课前预习和课后巩固。扫描封面和书中二维码即可在线观看。

（2）配套实操视频。按照国家职业标准中"安全保障"和"应急处置"的要求，着重对应急设备操作、应急处置与应急撤离的相关程序和要点进行了实景拍摄，基本涵盖客舱乘务员工作岗位中常用的应急设备和相关应急处置程序，所拍设备基本为真实设备，可极大方便师生参考学习，弥补教学实训中不能使用真实设备的缺憾，帮助学生掌握应急处置要点，培养核心职业能力。扫描封面和书中二维码即可在线观看。

序号	资源名称	正文位置
1	氧气瓶介绍及使用场景	P66
2	水基灭火器介绍及实景灭火	P74
3	海伦灭火器介绍及实景灭火	P74
4	后充氧型防护式呼吸装置介绍及使用	P76
5	先充氧型防护式呼吸装置介绍及使用	P77
6	应急定位发射器介绍及使用	P80
7	机组救生衣介绍及使用	P83
8	旅客救生衣介绍及使用	P83
9	婴儿救生衣介绍及使用	P83
10	救生船介绍及使用	P88

续上表

序号	资源名称	正文位置
11	救生包介绍及使用	P88
12	客舱失压处置程序	P101
13	灭火三人组（以行李架灭火处置程序为例）	P105
14	烤箱灭火处置程序	P107
15	卫生间灭火处置程序	P108
16	空中颠簸及处置程序	P113
17	旅客防冲击姿势	P141
18	客舱乘务员防冲击姿势	P144
19	跳滑梯动作演示	P147

目　录
Contents

第一章　客舱安全规则（一）……1
第一节　CCAR-121-R7相关规定……3
第二节　执行航班须携带的飞行证件与装具……15
第三节　出口座位旅客的限制性……15
第四节　安全演示和安全须知卡……19
第五节　特殊旅客的运输……22
第六节　旅客客舱行李的相关规定……32

第二章　客舱安全规则（二）……39
第一节　便携式电子设备的规定……40
第二节　飞行关键阶段客舱与驾驶舱的联络……43
第三节　进入驾驶舱人员的限制……44
第四节　飞行中对飞行机组的服务……46
第五节　机上重大事件报告……47

第三章　客舱乘务员飞行工作四个阶段……50
第一节　飞行前准备阶段……51
第二节　机上准备阶段……52
第三节　飞行实施阶段……54
第四节　航后讲评阶段……61

第四章　机上通用应急设备 ……64
第一节　急救设备 …… 65
第二节　火警和灭火设备 …… 70
第三节　安全设备 …… 78
第四节　紧急撤离设备 …… 79

第五章　紧急情况 …… 96
第一节　客舱失压 …… 97
第二节　客舱失火 …… 103
第三节　空中颠簸 …… 110
第四节　危险品、禁运物品、可疑物品和爆炸物 …… 117

第六章　特殊航线运行 …… 126
第一节　高原机场飞行 …… 127
第二节　极地航路飞行 …… 132

第七章　紧急撤离 …… 136
第一节　有准备的撤离 …… 138
第二节　准备时间有限的撤离 …… 153
第三节　无准备的撤离 …… 154

第八章　逃生技能 …… 158
第一节　求生的基本原则 …… 159
第二节　求救信号 …… 160
第三节　陆地求生 …… 162
第四节　海上求生 …… 164
第五节　其他自然环境里的生存 …… 166

参考文献 …… 172

Cabin Safety

第一章

客舱安全规则（一）

❖ 素质目标

1. 培养学生的安全意识和安全理念；
2. 培养学生敬畏规章、敬畏职责的民航精神；
3. 培养学生的责任感、使命感和正确的职业观。

❖ 学习目标

1. 掌握中国民用航空局有关客舱乘务员资质的相关规定；
2. 掌握中国民用航空局有关客舱安全运行的相关规定；
3. 掌握特殊旅客运输的相关规定和要求；
4. 掌握旅客客舱行李的相关规定和要求。

由于航空运输的高风险,确保航班的安全运营一直是民航生产过程中的第一要务。1957年10月5日,周恩来总理对中国民航事业的发展作出了重要批示:"保证安全第一,改善服务工作,争取飞行正常。"随着我国经济的高速发展,民航作为现代交通运输方式,在经济社会发展中的地位越来越重要,每年都以高于国民生产总值增长的速度飞速发展。作为国家重要产业之一的民航业,对整个国民经济,尤其是经济结构调整、转变生产方式,具有重大的推动作用。

"十四五"时期,民航业在国家经济社会发展中的战略作用必将更加凸显,中国民航将进入发展阶段转换期、发展质量提升期和发展格局拓展期,机遇与挑战并存。中国民用航空局、国家发展和改革委员会、交通运输部联合印发的《"十四五"民用航空发展规划》,全面开启了多领域民航强国建设新征程。《"十四五"民用航空发展规划》坚持安全发展底线和智慧民航建设主线,明确了"十四五"时期民航总体工作思路,坚持安全发展、创新驱动、改革开放、系统观念和绿色人文的基本原则,确定了"六个新"发展目标,要构建六大体系、实施六大工程,加快构建更为安全、更高质量、更有效率、更加公平、更可持续的现代民航体系。

2022年,中国共产党第二十次全国代表大会在北京胜利召开。习近平总书记在报告中指出"加快建设制造强国、质量强国、航天强国、交通强国、网络强国、数字中国""巩固优势产业领先地位,在关系安全发展的领域加快补齐短板"以及"构建优质高效的服务业新体系",要实现这些目标,对我国民航业来说,既是机遇,也是挑战。因此,航空公司需要正确处理好安全与发展、安全与效益、安全与服务、安全与训练等方面的关系。航空公司要认识到,安全就是为旅客提供的最优质服务,保证乘客安全是航空公司最重要的责任。作为客舱安全的管理者、实施者和直接参与者,客舱乘务员有必要而且必须要掌握并严格执行中国民用航空局(以下简称"中国民航局")制定的有关保证飞行安全的相关法律法规,正确、熟练地操作机上应急设备,在紧急情况下能迅速、果断地采取相应的应急措施,加强和飞行机组的沟通与协作,最大程度保证飞行安全。

> **知识拓展**
>
> 智慧民航建设内涵和原则：智慧民航是瞄准民航强国建设目标，应用新一轮科技革命和产业变革的最新成果，创新民航运行、服务、监管方式，实现对民航全要素、全流程、全场景进行数字化处理、智能化响应和智慧化支撑的新模式新形态。智慧民航建设遵循"以人为本，智慧赋能""深化改革，创新驱动""系统布局，协同推进""安全可靠，行稳致远""开放共享，融合发展""绿色低碳，集约高效"六项原则。

> **知识拓展**
>
> 民航精神也称当代民航精神，是中国民航在长期发展实践中形成的优良传统和精神文化的升华。2016年1月2日—1月6日，中国民航圆满完成了南沙永暑礁新建机场校验试飞任务，在我国民航史上画上了浓墨重彩的一笔。中国民航局为表彰在此次校验试飞工作中表现突出的先进个人，总结概括提炼了当代民航精神，其内涵主要包括"忠诚担当的政治品格、严谨科学的专业精神、团结协作的工作作风，敬业奉献的职业操守"四个方面。

第一节　CCAR-121-R7相关规定

微课程视频

CCAR-121-R7
相关规定

一、客舱乘务员的合格要求

根据交通运输部2021年第5号令，《大型飞机公共航空运输承运人运行合格审定规则》第七次修订版（CCAR-121-R7）（以下简称"CCAR-121部"）于2021年3月15日施行。按照CCAR-121部第121.477条的规定：在飞机上担任客舱乘务员的人员，应当通过中国民航局按照本规则批准的训练大纲训练，并经合格证持有人检查合格;在按照本规则运行时,应当持有现行有效的民用航空人员体检合格证和合格证持有人颁发的客舱乘务员训练合格证(图1-1)。客舱乘务员应于前12个日历月之内,在按照本规则第121.538条要求所批准的可服务的一种机型上,至少已飞行2个航段,方可在此机型上担任客舱乘务员。

a)民用航空人员体检合格证

b)客舱乘务员训练合格证

图1-1 民用航空人员体检合格证和客舱乘务员训练合格证

二、客舱乘务员的配备要求

为保证安全运行,CCAR-121部第121.391条对一架飞机客舱乘务员最低数量的配备作出了规定,合格证持有人在所用每架载运旅客的飞机上,应当按表1-1的要求配备客舱乘务员。

客舱乘务员最低配备数量　　　　　　　　　表1-1

旅客座位数量(个)	客舱乘务员最低配备数量
20~50	1名
51~100	2名
>100	在配备2名客舱乘务员的基础上,每增加50个旅客座位增加1名,不足50的余数部分按50计算

中国民航局飞行标准司2019年1月25日发布的咨询通告《客舱运行管理》(AC-121-FS-2019-131)第4.5条:为保证安全运行,合格证持有人应按照CCAR-121部第121.391条(a)、(b)和(c)款确定各机型客舱乘务员最低数量配备并经中国民航局批准后列入运行规范。合格证持有人可根据本咨询通告第5.5.2条,在最低数量配置的基础上设定更加具体的运行标准配置,并列入运行手册。运行标准配备样例可参考表1-2。

客舱乘务员运行标准配备　　　　　　　　表1-2

最长航段	特定风险	机型		
		E190	B738	A332
90 分钟	最低配备数	2	4	8
	航段>4 段	+1	+1	
	涉及0—6点时段	+1	+1	+1
	有餐食/售卖服务	+1	+1	+1
	标准配备数			
270 分钟	最低配备数	2	4	8
	涉及0—6点时段	+1	+1	+1
	有餐食/售卖服务	+1	+1	+1
	分舱服务	+1	+1	+1
	延伸跨水飞行	+1	+1	+1
	标准配备数			
480 分钟	最低配备数		4	8
	无专用休息区		+2	+3
	涉及0—6点时段		+1	+1
	延伸跨水飞行		+1	+1
	标准配备数			
远程	最低配备数			8
	无专用休息区			+5
	有三级休息区			+4
	有二级休息区			+3
	标准配备数			

注：累计计算时，客舱乘务员总数不超过最大乘务员座位数。

根据CCAR-121部第121.481条的规定，机上休息设施是指安装在飞机内可以为机组成员提供机会的铺位或座位，其中分为：1级休息设施，是指休息用的铺位或可以平躺的其他平面，独立于驾驶舱和客舱，机组成员可控制温度和光线，不受打扰和噪声的影响；2级休息设施，是指飞机客舱内的座位，至少可以利用隔帘与乘客分离，避免被乘客打扰，可以平躺或接近平躺，能够遮挡光线，降低噪声；3级休息设施，是指飞机客舱内或驾驶舱内的座位，应可倾斜40度，并可为脚部提供支撑，或者符合中国民航局要求的其他方式。

咨询通告《客舱运行管理》第5.5条对合格证持有人在客舱乘务员配备方面也提出了相关要求：

5.5.1　客舱乘务员的配备应遵循以下原则：

（1）按照运行手册的运行标准配备，任何时候配备人数不低于运行规范的最低配备。

（2）同一飞行值勤期内客舱乘务员所飞机型不超过 2 种。

（3）在起飞和着陆过程中,客舱乘务员应当尽可能地靠近所要求的地板高度出口,而且应当在整个客舱内均匀分布,以便在应急撤离时最有效地疏散旅客。

（4）运行过程中,如果因紧急或者某些特殊情况导致客舱乘务员人数低于运行规范的最低配备,则需在飞行结束后 48 小时内向中国民航局报告。

（5）正在接受飞机飞行训练或资格检查的客舱乘务员不得担任机组必需成员,即不得在合格证持有人特定机型的客舱乘务员运行最低配置中承担职责（差异训练和乘务长训练除外）。

5.5.2 合格证持有人在设定客舱乘务员运行标准配备时还应考虑以下因素:

（1）客舱布局和旅客分布情况。

（2）飞行中机组的休息（包括飞行在岗执勤时间、休息设施等）。

（3）机上特殊旅客。

（4）客舱乘务员丧失工作能力。

（5）客舱乘务员的工作量。

三、客舱乘务员服务机型数量的要求

近年来,国际上发生的重大飞行事故中,由于客舱乘务员训练有素,多次避免了机上人员重大伤亡。例如 2005 年法国航空公司在加拿大多伦多皮尔逊国际机场成功撤离了 297 名旅客;2009 年 1 月 15 日全美航空公司在哈德逊河上水上迫降,机上 153 名旅客和机组人员成功得救。这些案例都说明客舱乘务员的岗位能力对于保证安全具有重要的作用。国内部分合格证持有人机型数量较多,客舱布局各异,如果客舱乘务员服务机型数量偏多,则可能导致客舱乘务员对应急程序的掌握以及应急设备存放位置的混淆,降低其正确判断和处置应急情况的能力,对安全运行造成隐患。为保证客舱乘务员在所服务机型上的知识和技能水平始终处于熟练的状态,在发生应急情况时能更好地履行职责,CCAR-121 部第 121.538 条规定:客舱乘务员所服务的机型数量应当不超过 3 种,如果合格证持有人所运行的机型中有两种机型在安全设备和操作程序上相类似,经中国民航局批准可增加至 4 种。如果一个机型的改型或衍生型的应急出口操作、应急设备安放位置、应急设备型号以及应急操作程序方面差异较大,中国民航局也可将其视为客舱乘务员所服务的另一种机型。

四、客舱乘务员在新职位上的运行经历要求

新聘客舱乘务员（含外籍客舱乘务员）在获得运行经历时须符合 CCAR-121 部第 121.457 条（b）款和其下第（3）项"客舱乘务员已经圆满完成有关该机型和乘务员职位的相应地面训练"的规定，以及第（e）款规定：

- 在客舱乘务教员指导下履行规定的职责；
- 在客舱乘务检查员的监督下履行规定的职责至少达到 5 小时；
- 正在获得运行经历的客舱乘务员不得担任机组必需成员。

五、客舱乘务员的训练要求

按照 CCAR-121 部第 121.455 条"必需的训练"的规定，客舱乘务员必须接受以下训练：新雇员训练、初始训练、转机型训练、差异训练、定期复训、重新获得资格训练等。只有按照经批准的训练大纲，圆满完成了相应型别飞机和相应机组成员位置的训练，方可担任该型别飞机的机组必需成员。

1. 新雇员训练

对于新雇员，应当圆满完成新雇员训练提纲中的地面基础教育内容，并根据不同新雇员的原有经历和拟担任的职位，完成 CCAR-121 部第 121.455 条（a）款第（2）~（7）项中相应的训练内容。

2. 客舱乘务员的初始和转机型地面训练

对于未在相同组类其他飞机的相同职位上经审定合格并服务过的机组成员，应当圆满完成初始训练。CCAR-121 部第 121.429 条（a）款对客舱乘务员的初始和转机型地面训练内容进行了规定，见表 1-3。图 1-2 为训练内容中的舱门训练和灭火训练。

CCAR-121 部第 121.429 条（b）、（c）款规定如下：

（b）客舱乘务员的初始和转机型地面训练，应当包括资格检查，以确定其完成指定任务和职责的能力。

（c）客舱乘务员的初始地面训练，除经批准按照 CCAR-121 部第 121.405 条予以减少外，其计划小时数应当符合下列规定：

- 对于组类 I 飞机，至少具有 32 小时。

- 对于组类Ⅱ飞机,至少具有48小时。

a) 舱门训练

b) 灭火训练

图1-2 舱门训练和灭火训练

客舱乘务员初始和转机型地面训练内容　　　　　表1-3

一般科目 需讲授的内容	机长的职权和客舱乘务员的职责
	旅客的管理,包括遇有精神错乱或者其他具有危及安全举动的人时所应遵循的程序
	机组资源管理训练
每一飞机型别 需讲授的内容	飞机的一般介绍,重点介绍影响水上迫降、撤离、空中应急程序及其他有关任务的物理特征
	机内广播系统和与其他飞行机组成员联络设备的使用,包括遇到企图劫持飞机或者其他非正常情况时的应急处置方法
	厨房电气设备和客舱加温、通风控制装置的正确使用

3. 差异训练

对于已在某一特定型别的飞机上经审定合格并服务过的机组成员,当使用的同型别飞机与原飞机存在差异时,应当圆满完成差异训练。

4. 定期复训

根据CCAR-121部第121.439条和第121.455条规定,定期复训应当以每12个日历月为一周期安排,保证每一机组成员或者飞行签派员,获得关于该型别飞机和所涉及的机组成员工作位置的充分训练并保持近期熟练水平。定期复训中的心肺复苏训练和紧急撤离训练如图1-3、图1-4所示。定期复训应符合下列要求:

(1) 对于每个飞行机组成员,在前12个日历月之内,应当圆满完成本规则规定的服务于每一机型的复训的地面训练和飞行训练。

(2) 对于客舱乘务员,应当在前12个日历月内完成复训地面训练和资格检查。

定期复训时,客舱乘务员至少具有下列计划小时数:

（1）组类Ⅰ，10小时。

（2）组类Ⅱ飞机，16小时。

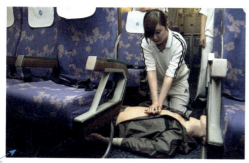

图1-3　心肺复苏训练

图1-4　紧急撤离训练

定期复训地面训练内容见表1-4。

定期复训地面训练内容　　　　　表1-4

内容	机组成员在所涉及的飞机和工作位置方面知识状况的问答或考查
	根据需要讲授第121.415条（a）款要求的初始地面训练的适当科目，包括应急生存训练（对飞行签派员不作要求）
	客舱乘务员按照第121.429条（b）款的要求进行资格检查

5. 重新获得资格训练

对于因为不符合近期经历要求、未按照规定期限完成定期复训、未按照规定期限完成飞行检查或者飞行检查不合格等原因而失去资格的机组成员，应当进行相应的重新获得资格训练。

除了"必需的训练"，客舱乘务员还应该参加应急生存训练和安保训练。CCAR-121部第121.419条对机组成员的应急生存训练作出了明确的规定，机组必需成员应当针对所飞飞机的型别、布局及所实施的每种运行，完成该条规定的应急生存训练。每一机组成员应当在规定的训练期限内，使用配置在其所服务的每一型别飞机上的应急设备，完成一次性应急演练和定期应急演练。一次性应急演练是指在初次转入该机型的训练中应当完成的演练；定期应急演练在该机型初次训练时完成，以后每24个日历月定期复训一次。航空安全员每24个日历月内必须完成由教员实施的客舱应急训练，并通过考试。

按照CCAR-121部第422条"机组成员的安保训练"的规定，合格证持有人应当制定供机组成员使用的安保训练大纲，并经中国民航局批准后，按照该大纲实施训练。该训练大纲应当根据国家以及民航保卫部门不同时期的具体要求、国内外形势变化以及运行区域和特点等情况及时进行更新和修订。机组成员的安保训练大纲至少包括以下内容：

（1）事件严重性的确定。

（2）机组成员之间的信息传递和协调。

（3）恰当的自我防卫。

（4）经批准供机组成员使用的非致命性保护器具的使用方法。

（5）了解恐怖分子的行为，以使机组成员有能力应对劫机者的行为和乘客的反应。

（6）针对不同威胁情况的真实场景演练。

（7）用于保护飞机的驾驶舱程序。

（8）飞机的搜查程序和最低风险爆炸区的指南。

六、客舱乘务员累计飞行时间、值勤时间限制和休息要求

（一）疲劳的形成和对客舱安全的隐患

美国运输部人为因素工作委员会对疲劳的解释是：疲劳是一种复杂的状态，特点是机敏度缺乏，大脑和身体动作迟钝，经常伴有睡意。空中飞行会对客舱乘务员的睡眠和生理周期有影响，睡眠不足和生理节奏的改变会导致客舱乘务员在工作中感觉到疲劳，睡眠不足或缺失是造成疲劳的主要因素。由于客舱乘务员的工作实质，他们会经常执行早晨或深夜的航班，会面临睡觉较迟、睡眠剥夺、在正常的睡眠时间工作、工作时间较长等情况，这些情况会影响他们的行为表现。当他们觉得疲劳时，会出现注意力不集中、动作不协调、短期记忆衰减（如漏掉操作程序、忘记了应允旅客的事情）、反应迟缓、言语减少、对周围环境不感兴趣、观察力和判断力下降等现象。这种现象在长途飞行时表现得尤为明显，如果机上出现紧急情况，如烟雾警告、失火或紧急撤离时，客舱乘务员的滞后反应对机组协调配合以及客舱安全管理极为不利。

（二）飞行执勤期、日历日和休息期

为了避免飞行机组人员因为疲劳而造成差错、进而影响飞行安全，航空公司应该严格执行中国民航局的相关规定，采取措施来保证机组人员有充足的睡眠和休息

时间,合理安排飞行时间,消除机组人员的累积性疲劳。CCAR-121 部第 121.481 条对飞行执勤期、日历日和休息期定义作出了明确解释。

1. 飞行值勤期

飞行值勤期是指机组成员接受合格证持有人安排的飞行任务后(包括飞行、调机或转场等),从为完成该次任务而到指定地点报到时刻开始,到飞机在最后一次飞行后,发动机关车且机组成员没有再次移动飞机的意向为止的时间段。

2. 日历日

日历日指按照世界协调时间或当地时间划分的时间段,从当日 00:00 至 23:59 的 24 小时。

3. 休息期

休息期指从机组成员到达适宜的住宿场所起,到为执行下一次任务离开适宜的住宿场所为止的连续时间段。在该段时间内,合格证持有人不得为机组成员安排任何工作和给予任何打扰。值勤和为完成指派的飞行任务使用交通工具往来于适宜的住宿场所和值勤地点的时间不得计入休息期。

(三)飞行值勤时间、累计飞行时间和值勤时间限制及休息时间要求

为保证客舱安全,使客舱乘务员在飞行中能保持良好的工作状态,CCAR-121 部第 121.491 条、第 121.493 条、第 121.495 条对客舱乘务员飞行值勤时间、累计飞行时间和值勤时间限制及休息时间要求作出以下规定:

1. 第 121.491 条 客舱乘务员的飞行值勤期限制

(a)当按照 CCAR-121 部第 121.391 条规定的最低数量配备客舱乘务员时,客舱乘务员的飞行值勤期不得超过 14 小时。

(b)在按照 CCAR-121 部第 121.391 条规定的最低数量配备上增加客舱乘务员人数时,客舱乘务员的飞行值勤期限制和休息要求应当符合如下规定:增加 1 名客舱乘务员,飞行值勤期不得超过 16 小时;增加 2 名客舱乘务员,飞行值勤期不得超过 18 小时;增加 3 名或者 3 名以上客舱乘务员,飞行值勤期不得超过 20 小时。

(c)发生意外运行情况下飞行值勤期的延长:

- 合格证持有人可以将本条(a)或(b)款规定的值勤期限制延长 2 小时或

延长至可以将飞机安全地降落在下一个目的地机场或备降机场；
- 将本条（a）或（b）款规定值勤期限延长 30 分钟以上的情况只可在获得本规则第 121.495 条（b）款规定的休息期之前发生一次。

2. 第 121.493 条　客舱乘务员的累计飞行时间、值勤时间限制

（a）本条所规定的限制包括客舱乘务员在适当时期内代表合格证持有人所执行的所有飞行。

（b）合格证持有人不得为客舱乘务员安排，客舱乘务员也不得接受超出以下规定限制的累计飞行时间：
- 任一日历月，100 小时的飞行时间；
- 任一日历年，1100 小时的飞行时间。

（c）合格证持有人不得为客舱乘务员安排，客舱乘务员也不得接受超出以下规定的累计飞行值勤时间限制：
- 任何连续 7 个日历日，70 小时的飞行值勤期；
- 任一日历月，230 小时的飞行值勤期。

（d）客舱乘务员在飞机上履行安全保卫职责的时间应当计入客舱乘务员的飞行和值勤时间。

3. 第 121.495 条　机组成员休息时间的附加要求

（a）合格证持有人不得在机组成员规定的休息期内为其安排任何工作，该机组成员也不得接受合格证持有人的任何工作。

（b）任一机组成员在实施按 CCAR-121 部运行的飞行任务或主备份前的 144 小时内，合格证持有人应为其安排一个至少连续 48 小时的休息期。对于飞行执行期的终止地点所在时区与机组人员的基地所在时区之间时差少于 6 个小时的，除仅实施全货物运输飞行的合格证持有人外，如机组成员飞行值勤期和主备份已达到 4 个连续日历日，不得安排机组成员在第 5 个日历日执行任何飞行任务，但是前续航班导致的备降情况除外。本条款所述基地是指合格证持有人确定的机组成员驻地并接受排班的地方。

（c）如果飞行值勤期的终止地点所在时区与机组成员的基地所在时区之间有 6 个或者 6 个小时以上的时差，则当机组成员回到基地以后，合格证持有人必须为其

安排一个至少连续48小时的休息期。这一休息期应当在机组成员进入下一值勤期之前安排。

（d）除非机组成员在前一个飞行值勤期结束后至下一个飞行值勤期开始前，获得了至少连续10个小时的休息期，任何合格证持有人不得安排，且任何机组成员也不得接受任何飞行值勤任务。

（e）当合格证持有人为机组成员安排了其他值勤任务时，该任务时间可以计入飞行值勤期。当不计入飞行值勤期时，在飞行值勤期开始前应当为其安排至少10个小时的休息期。

> **案例** 2013年6月，某航空公司被中国民用航空局处以重罚，原因是其旗下飞行机组成员2013年1—4月的飞行时间超过了相关民航法规对飞行机组休息期的规定。该航空公司19名飞行员和2名乘务员分别被处以暂扣执照3—6个月的处罚，其中有5名飞行员（包括1名外籍飞行员）直接被取消了机长等级。此次调查得知的安全隐患被中国民航局定性为"严重违章"。该航空公司也被处以减少30%航班量和暂停新航线、新机型审批等一系列处罚。

七、含酒精饮料提供的限制和规则、饮用酒精饮料后的执勤限制

有关研究表明，酒精对人体的影响随飞行高度的增加而加重，饮用同量的酒，在地面上可能不会出现或出现轻微的症状，而在高空低气压环境中，则会出现严重的酒精中毒症状。此外，酒精导致的人体心理和生理功能的失调在不同程度上对飞行安全造成威胁。因此，为保证客舱秩序，CCAR-121部第121.575条对在机上饮用含酒精饮料的限制规定如下：

（a）除运行该飞机的合格证持有人供应的含酒精饮料外，任何人不得在飞机上饮用其他含酒精饮料。

（b）合格证持有人不得允许任何处于醉酒状态的人进入其飞机。

（c）合格证持有人不得向乘坐其飞机的下列人员供应任何含酒精饮料：

- 表现为醉酒状态的人；
- 按照适用的飞机安保要求，正在护送别人的人或者被护送的人；
- 按照适用的飞机安保要求，在飞机上持有致命性或者危险性武器的人；

- 当发现有人拒绝遵守本条（a）、（b）款的规定，或者发生由于处于醉酒状态的人进入飞机引起的骚扰事件时，机长和机长授权人员应当场制止，合格证持有人应当在事发后5天内向中国民航局报告。

为保证飞行安全，CCAR-121部第121.579条规定了机组成员饮用含酒精饮料后的值勤限制：

（a）本条适用于机组成员、飞行签派员等担任安全敏感工作的人员。

（b）前款所述有关人员，如果其呼出气体中所含酒精浓度达到或者超过0.04克/210升，或者在酒精作用状态下，不得上岗或者继续留在岗位上担任安全敏感工作。任何合格证持有人，在明知该员呼出气体中所含酒精浓度达到或者超过0.04克/210升，或者在酒精作用状态下，不得允许其担任或者继续担任安全敏感工作。

（c）有关人员在担任安全敏感工作过程中，不得饮用含酒精饮料。任何合格证持有人，在明知有关人员在担任安全敏感工作过程中饮用含酒精饮料时，不得允许该人员担任或者继续担任安全敏感工作。

（d）有关人员在饮用含酒精饮料后8小时之内，不得上岗值勤。任何合格证持有人在明知该人员在8小时之内饮用过含酒精饮料时，不得允许该人员担任或者继续担任上述工作。

八、禁止使用和携带毒品、麻醉药品和精神药品

CCAR-121部第121.577条的规定：担任安全敏感工作的人员，包括机组成员、飞行签派员等，不得使用或者携带鸦片、海洛因、甲基苯丙胺（冰毒）、吗啡、大麻、可卡因以及国家规定管制的其他能够使人形成瘾癖的麻醉药品和精神药品。合格证持有人不得安排明知其使用或者携带了上述禁用毒品和药品的人员担任安全敏感工作，该人员也不得为合格证持有人担负此种工作。

> **案例** 其航空公司安全员李某为牟取暴利，接受毒贩的委托，利用自己的特殊身份，先后4次从广州成功携带毒品28千克到澳大利亚悉尼，从中获得报酬173万元，最后一次在携带近8千克毒品时被安检人员查出。2008年11月，广州中院一审依法判处李某死刑，剥夺政治权利终身，并处没收个人全部财产，另外3名毒贩分别被判处死刑缓期和无期徒刑。

第二节 执行航班须携带的飞行证件与装具

根据CCAR-121部第121.381条的规定,合格证持有人雇佣的航空人员必须持有中国民航局颁发的相应的现行有效航空人员执照或证件。在执行航班时,航空人员必须合格于所从事的工作,按照要求客舱乘务员必须携带现行有效的客舱乘务员训练合格证、航空人员体检合格证、中国民航空勤登机证和其他必需的证件。有的航班还要求客舱乘务员携带乘务员手册、航线资料、处于良好工作状态的手电筒和备用近视眼镜(对眼睛近视的乘务员)、走时准确的手表等。

航空安全员在执勤时,应当携带以下证件及资料:航空安全员执照、体格检查合格证书、中国民航空勤登机证、航空器客舱保安检查单、航空安全员执勤日志和机上事件移交单等。

第三节 出口座位旅客的限制性

微课程视频

出口座位旅客的限制性

一、出口座位的定义

根据CCAR-121部第121.593条(b)款第(1)项,出口座位是指旅客从该座位可以不绕过障碍物直接到达出口的座位和旅客到达出口必经的成排座位中从出口到最近过道的每个座位。由于坐在出口座位的旅客需要在紧急情况发生时承担打开紧急出口和协助客舱乘务员撤离旅客的重任,因此在飞机滑行或者推出前,至少有一名机组必需成员要确认坐在出口座位的旅客是否满足第121.593条相关规定,不符合要求者客舱乘务员应马上重新安排座位。

二、出口座位旅客应具备的能力及履行的职责

CCAR-121部第121.593条（b）款第（2）项规定，在出口座位就座的旅客应当具备的能力是指完成下列职责的能力：

①确定应急出口的位置。
②认出应急出口开启机构。
③理解操作应急出口的指示。
④操作应急出口。
⑤评估打开应急出口是否会增加由于暴露旅客而带来的伤害。
⑥遵循机组成员给予的口头指示或者手势。
⑦收藏或者固定应急出口门，以便不妨碍使用该出口。
⑧评估滑梯的状况，操作滑梯，并在其展开后稳定住滑梯，协助他人从滑梯离开。
⑨迅速地经应急出口通过。
⑩评估、选择和沿着安全路线从应急出口离开。

（b）款第（3）项规定，不宜在出口座位就座的情况是指机组成员确认旅客可能由于下述原因不具备本款第（2）项所列的应当具备的一项或者多项能力：

①该人的两臂、双手和双腿缺乏足够的运动功能、体力或者灵活性，导致下列能力缺陷：

- 向上、向旁边和向下达不到应急出口位置和应急滑梯操纵机构；
- 不能握住并推、拉、转动或者不能操作应急出口操纵机构；
- 不能推、撞、拉应急出口舱门操纵机构或者不能打开应急出口；
- 不能把与机翼上方出口窗门的尺寸和重量相似的东西提起、握住、放在旁边的座椅上，或者把它越过椅背搬到下一排去；
- 不能搬动在尺寸和重量上与机翼上方出口门相似的障碍物；
- 不能迅速地到达应急出口；
- 当移动障碍物时不能保持平衡；
- 不能迅速走出出口；
- 在滑梯展开后不能稳定该滑梯；
- 不能帮助他人用滑梯离开。

②该人不足 15 岁,或者如没有陪伴的成年人、父母或者其他亲属的协助,缺乏履行本款第(2)项所列出的一项或者多项能力。

③该人缺乏阅读和理解本条要求的、由合格证持有人用文字或者图表形式提供的有关应急撤离指示的能力,或者缺乏理解机组口头命令的能力。

④该人在没有隐形眼镜或者普通眼镜以外的视觉器材帮助时,缺乏足够的视觉能力导致缺乏本款第(2)项列出的一项和多项能力。

⑤该人在没有助听器以外的帮助时,缺乏足够的听觉能力听取和理解客舱乘务员的大声指示。

⑥该人缺乏足够的能力将信息口头传达给其他旅客。

⑦该人具有可能妨碍其履行本款第(2)项所列的一项或者多项适用功能的情况或者职责,例如要照料幼小的孩子,或者履行前述功能可能会使其本人受到伤害。

出口座位旅客(图 1-5)条件见表 1-5。

图 1-5　出口座位旅客

出口座位旅客条件　　　　　　　　表 1-5

可以坐在出口座位的旅客	不宜坐在出口座位的旅客
能确定应急出口的位置	两臂、双手和双腿缺乏足够的运动功能
能认出应急出口开启机构	年龄不足 15 岁,或没有陪伴的成年人、父母或者其他亲属的协助,缺乏履行出口座位旅客职责的能力
能理解操作应急出口的指示	缺乏阅读和理解能力
能操作应急出口	缺乏阅读和理解能力
能迅速地经应急出口通过	缺乏理解机组口头命令的能力
能遵循机组成员给予的口头指示或者手势	缺乏足够的视觉能力
能收藏或者固定应急出口门,以便不妨碍使用该出口	缺乏足够的听觉能力
能评估滑梯的状况,操作滑梯,并在其展开后稳定住滑梯,协助他人从滑梯离开	缺乏足够的口头表达能力
能评估、选择和沿着安全路线从应急出口离开	

在出口座位就座的旅客，按照紧急出口座位旅客须知卡（图1–6）或者按照机组成员向旅客进行的简介进行自我对照，有如图1–7所示情形之一时，可以向机组成员提出调换座位。

紧急出口座位须知

尊敬的旅客，您的座位在紧急出口处，登机后，请尽早仔细阅读你座位前插袋里的《应急出口乘客须知》。请不要拉动紧急出口开启装置；不要把物品放在过道上；在紧急情况下，需要您提供下列协助；

1. 在紧急出口门未打开前，不要让其他旅客阻挡紧急出口；
2. 协助其他旅客撤离飞机；
3. 完成机组人员请求协助的其他事情。

谢谢！

Notice of emergency exit

Dear passenger, if you are assigned an exit row-seat, Please read "notice to passengers in exit seats" carefully in your seat pocket at your earliest convenience after boarding. please do not pull the switch of the emergency exit; Please do not place your belongings at the corridor of the emergency exit, and you may be required to follow the directions of our crew members to perform the following assistance when an emergency occurred.

1 Keep other passengers clear of the emergency exit door until crew members

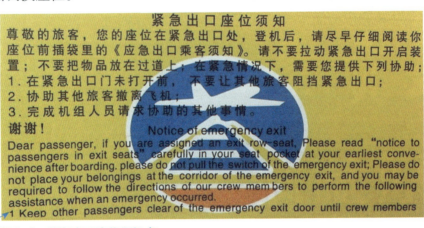

图1–6　紧急出口座位须知卡

可以要求调换座位的情况：

- 属于不宜在出口座位就座的情况的
- 不能确定自己是否具备应当具备的能力的
- 为了履行出口座位处的功能有可能伤害其身体的
- 不能履行出口座位处可能要求其履行的职责的
- 由于语言、理解等原因，不能理解出口座位旅客须知卡内容和机组成员讲解内容的

图1–7　可以要求调换座位的情况

被安排在出口座位上的旅客很可能没有能力履行相应职责，或者旅客自己要求不坐在出口座位，合格证持有人应当立即将该旅客重新安排在非出口座位位置。在非出口座位已满员的情况下，如果需要将一位旅客从出口座位调出，合格证持有人应当将一位愿意并能够完成应急撤离功能的旅客，调到出口座位上。在出口座位就座的旅客要求更换座位时，机组成员不得要求其讲出理由。

三、合格证持有人拒绝运送旅客的情况

每个旅客应当遵守合格证持有人的机组成员或者经授权的其他雇员所给予的、执行按照CCAR–121部制定的出口座位限制的指示。当旅客拒绝遵守合格证持有

人机组成员或者经授权的其他雇员发出的、执行按照 CCAR-121 部制定的出口座位限制的指示,或由于身体残疾、适合于该旅客的唯一座位是出口座位,合格证持有人可以按照法条规定拒绝运送该旅客。

第四节 安全演示和安全须知卡

一、安全演示

每一航段飞机移动时,合格证持有人通过录像设备或客舱乘务员进行安全演示(图 1-8),向旅客播放或介绍安全须知和应急设备使用方法。其具体内容包括安全带的操作、应急出口的位置、氧气面罩的使用、吸烟规定、收直椅背、扣紧餐桌、旅客安全须知卡、滑梯的使用、应急撤离路线指示灯。使用飞机作延伸跨水飞行的合格证持有人,应当保证由适当的机组成员向所有旅客提供补充口头简介,讲解救生衣、救生筏和其他漂浮装置的位置和使用方法,并演示救生衣穿戴和充气的方法。如果飞机起飞后直接进入跨水飞行,相应条款所要求的简介应当于起飞前进行;如果飞机起飞后不直接进入跨水飞行,相应条款所要求的简介不必在起飞前进行,但在跨水飞行前,应当完成全部简介。

图 1-8 安全演示

每次起飞前,向在紧急情况下需由他人协助方能迅速移动到出口的旅客进行个别简介时,客舱乘务员应当告知该旅客及其随行人员(若有),在紧急情况下通往每一适当出口的通道以及开始撤往出口的最佳时间,征询该旅客及其随行人员(若有)关于帮助此人的最适宜方式,以免使其痛苦和进一步受伤。每次起飞后,在要求系好安全带的信号灯即将关断之前或刚刚关断之后,客舱乘务员广播通知旅客:即使在要求系好安全带的信号灯熄灭时,在座位上仍应当继续系好安全带。

二、安全须知卡

合格证持有人应当在载客飞机的每一旅客方便使用的位置上,备有至少用中文印制的卡片以补充口头简介。安全须知卡(图1-9)放置于旅客座椅前方的口袋里,出口座位须知卡放置于出口座位前的口袋里。每张卡片包含的信息只能是该次飞行所用的该型别飞机的信息,应当包括应急出口的示意图和使用方法以及使用应急设备的其他必要说明,卡片上不得印有任何广告。

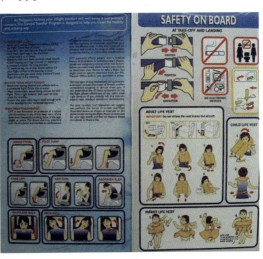

a) b)

图1-9 安全须知卡

客舱乘务员必须为障碍性旅客、无人陪伴的未成年旅客和需要帮助的旅客单独介绍安全须知卡,告知其应急出口和备用出口的位置及使用方法,氧气面罩、安全带和救生衣的使用方法,应急撤离时的指令识别以及撤离的其他要求。

三、旅客告示

按照CCAR-121部实施运行的飞机,应当装备旅客告示信号和标牌,这些信号装置应当设计成能由机组成员接通或者断开。飞机在地面的任何移动,以及每次起飞、着陆和机长认为必要的其他任何时间,应当接通"系好安全带"信号。按照

CCAR-121部实施运行的载运旅客飞机,应当从每个旅客座位都能看到至少一个"系好安全带"的明显信号或者标牌。当"系好安全带"信号灯亮时,具有座位的每位旅客,应当系好旅客座椅安全带并保持系紧状态。

根据CCAR-121部第121.597条规定,任何人不得在按照本规则运行的飞机上吸烟。飞机在运行时,"禁止吸烟"信号灯保持常亮。若同时使用灯光信号及标牌,则灯光信号在整个飞行航段上应当保持常亮。每一厕所内应有一个标志或者标牌,其上标明"严禁破坏厕所烟雾探测器"。"禁止吸烟"和"系好安全带"信号灯如图1-10所示。

图1-10 "禁止吸烟"和"系好安全带"信号灯

要求旅客遵守客舱信号灯的信号、标志牌的指示。对于违反禁止吸烟规定的情况,客舱乘务员要负责监督和检查,发现旅客违反禁止吸烟规定时,必须要求旅客停止吸烟。对立即熄灭香烟的旅客,不再采取行动,避免有可能导致辱骂旅客的行为发生;如果旅客继续吸烟,不听劝阻,要报告乘务长/机长以及航空安全员,由航空安全员按照相关规定进行处理。对造成机组成员人身伤害的旅客,乘务长应报告机长,由机长决定是否通知地面,或要求安排适当的公安人员在登机口接飞机。除当被告知不许吸烟时,吸烟者立即熄灭香烟的事件外,所有违反吸烟规定的事件均需按规定程序进行记录,情节严重者,还应向中国民航局报告。

> **知识拓展**
>
> 安全须知卡通常包括以下内容:禁止吸烟,禁止摆弄、损害或毁坏飞机洗手间内烟雾探测器;起飞和着陆时,调直座椅靠背,收起小桌板;应急出口及过道禁止摆放行李;禁止使用电子设备的规定;系好及解开安全带的说明;应急撤离通道及路线指示灯;插图描绘出口手柄移动的方向;应急撤离滑梯的使用方法;安全姿势;氧气面罩的位置及使用方法;救生衣的使用方法及表明不得在客舱内充气,但儿童除外;救生船的位置,使用前准备工作,充气和下水的方法;坐漂浮垫的位置和方法等。

第五节 特殊旅客的运输

微课程视频

特殊旅客的运输

一、民航旅客国内运输服务管理规定

根据2021年9月《公共航空运输旅客服务管理规定》第31条规定，有下列情况之一的，承运人应当拒绝运输：

（1）依据国家有关规定禁止运输的旅客或者物品。

（2）拒绝接受安全检查的旅客。

（3）未经安全检查的行李。

（4）办理乘机登记手续时出具的身份证件与购票时身份证件不一致的旅客。

（5）国家规定的其他情况。

除前款规定外，旅客的行为有可能危及飞行安全或者公共秩序的，承运人有权拒绝运输。

CCAR-121部第121.595条（a）款明确了航空公司拒绝运输的权力：合格证持有人不得以旅客在紧急情况下需要别人帮助才能迅速移到出口，因而会对飞行安全不利为理由拒绝运送该旅客。但是在合格证持有人已经制定了紧急情况下由其他人员帮助此种旅客迅速转移到出口的程序，并包括有合理的通知要求，而该旅客不遵守该程序中的通知要求，或者根据该程序不能运送该旅客的情况除外。

航空公司在具体的操作中，有权拒绝运输或拒绝续程运输的情况可能会包括以下情形之一：

（1）允许旅客登机会违反中国民航局规章或其他政府管理机构颁布的条例。

（2）旅客对自身、机组人员或其他旅客的安全及健康状况造成直接威胁。

（3）对于没有提前申请并获得航空公司同意运输许可，旅客到机场后现场临时申请需要使用担架或保育箱。

（4）在没有额外医疗服务措施情况下，旅客无法安全完成旅行，或航空公司认为旅客没有额外医疗服务措施情况下无法安全完成旅行，并且旅客无法提供或者拒绝提供符合要求的医疗诊断证明书。

（5）对于患有传染疾病的旅客，如传染疾病对其他旅客的身体健康或安全造成直接威胁，无法通过有效措施控制传染。

二、特殊旅客分类和乘坐飞机限制条件及相关规定

随着我国经济迅猛发展，乘坐飞机旅游的旅客数量大幅度增加，在航班中，客舱乘务员经常会遇到特殊旅客。为了保证客舱安全和更好地为旅客提供优质的服务，客舱乘务员必须了解并掌握特殊旅客的心理特点和乘坐飞机的限制条件。在航班中常见的特殊旅客包括老年旅客、婴幼儿旅客、无人陪伴儿童旅客、孕妇旅客、残疾旅客、有病史的旅客、遣返旅客、被押解的犯罪嫌疑人等。

（一）老年旅客（AGED）

老年旅客一般是指年龄在70岁以上（国内航空公司对老年旅客的年龄规定有差异）、身体健康、适宜乘机的旅客（图1-11）。随着年龄的增长，老年人的各种脏器功能都会有不同程度的减退，视力和听力下降，动作和学习速度减慢，操作能力和反应速度均降低，对环境的适应能力下降，加之记忆力、认知功能减弱和心理改变，常常出现生活自理能力下降。针对这些特点，客舱乘务员在服务过程中一定要仔细、耐心，语气要缓，动作要慢、要稳，特别是要尊重老年旅客的意愿。有糖尿病、高血压、静脉炎病史的老年旅客不适合长途飞行，如果进行长途飞行，应尽可能在机舱内多活动。而对于心脏功能没有明显障碍、身体健康的高龄老人，是完全可以放心乘坐飞机的。

图1-11 老年旅客

（二）婴幼儿旅客（INF）

足月新生儿旅客出生不满14天（含14天）或出生不足90天的早产婴儿旅客不能乘机。这是因为新生儿的抵抗力差，呼吸功能不完善，咽鼓管又较短，鼻咽部常有黏液阻塞。当飞机升降时，气压变化大，对人身体刺激较大，新生儿又不会做吞咽

动作,难以保持鼓膜内外压力,会影响婴儿旅客的身心健康。对于可以乘机的婴幼儿旅客,如果在飞机起飞、下降时孩子哭闹,建议给孩子嘴里含个奶嘴吸吮,这样可以缓解压力变化所引起的耳朵不适。

购买婴儿票乘机(2周岁以内),应提供婴儿出生年月的有效证明,如婴儿的户口本或出生证明。如需申请婴儿摇篮,旅客需在订票时或拨打航空公司的服务热线提前申请(包括婴儿食品等其他特殊需求)。飞机上一般只配备两个婴儿摇篮(图1-12),如果旅客订票时申请了婴儿摇篮,那么值机时会为其安排能安放婴儿摇篮的座位(一般是普通舱舱位的第一排),这里的座位空间相对较大。婴儿摇篮的设计标准是适用于3个月以内的婴儿,由于结构设计和安全的因素,婴儿摇篮对婴儿的身高和体重有相应的限制,一般是9千克和75厘米以内。飞机上设有固定的装置插孔用于架设婴儿摇篮,但在飞机起飞和下降阶段,不得架设婴儿摇篮。

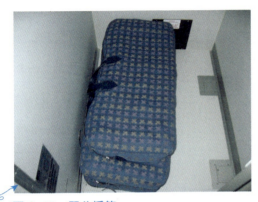

图1-12 婴儿摇篮

出生14天至2周岁的婴儿应由成年旅客(年满18周岁且有民事行为能力)陪伴。一般情况下,每一成年旅客乘机时只能携带两名婴儿,或一名婴儿、两名儿童;如果是2~4周岁的幼儿,每一成年旅客最多只能携带3名。由于每排座位上方只有一个氧气面罩,失压发生时,为确保每一名乘客的安全,同一排座位不得同时出现两个不占座的婴儿。

(三)无人陪伴儿童旅客(UMNR)

无人陪伴儿童旅客(图1-13)是近年来民航的延伸服务对象,是航空公司为使儿童能独自乘机旅行而推出的一项特色服务。"无人陪伴儿童"是指年龄在5~12周岁的无成人陪伴、单独乘机、具备一定自理能力的儿童。家长应在航班起飞24小时前向航空公司提出服务申请,获得航空公司同意后,须填写一式四份的特殊旅客申请单。一般来说,航空公司不接收12周岁以下的聋哑儿童或双目失明的无人陪伴儿童单独乘机。目前国内某些航空公司开始对无人陪伴儿童旅客收取一定的服务费用,各机型对无人陪伴儿童旅客的数量限制有所不同,如果飞机上还有其他病残旅客,原则上无人陪伴儿童旅客的数量应减半。

(四) 孕妇旅客 (PRGN)

孕妇旅客(图 1-14)早孕期间(1~3 个月)不宜乘坐飞机,因为这时胎盘没有完全发育成熟,相对容易流产,而航空旅行时飞机起降重力变化、气压、气流颠簸等情况都有可能使流产的概率增加。按照国际航空运输协会(IATA)《客舱运行安全(第 4 版)》要求,怀孕超过 28 周应携带合格医生签署的医学证明;正常怀孕、没有流产历史的、怀孕 36 周的旅客可正常旅行。预产期在 4 周以内,或预产期不确定,但已知为多胎分娩或预计有分娩并发症者,航空公司可以不接收运输。

图 1-13 无人陪伴儿童旅客   图 1-14 孕妇旅客

案例 2017 年 5 月 30 日凌晨,从西安飞往乌鲁木齐的航班上,一名怀孕 35 周的旅客在卫生间大叫腹痛,客舱乘务员赶紧报告机长,同时广播寻找医护人员。接到产妇待产的消息后,驾驶舱一边与空管联系,申请航路优化,开通绿色通道,一边迅速判断是返航还是继续飞往乌鲁木齐。最后机组决定继续飞往乌鲁木齐,同时通知空管、地面保障、急救车辆,做好应急准备。15 分钟后,在乘务组和机上医护旅客的帮助下,该旅客在飞机上顺利分娩,一名女婴顺利诞生,母女平安。

(五) 残疾旅客

近年来,残疾旅客乘坐飞机的数量和频率呈上升趋势,这对民航运输服务工作提出了更新、更高的要求。为适应目前航空运输的新发展,本着安全第一、国际化和以人为本的原则,中国民航局对原来的《残疾人航空运输办法(试行)》进行了修订,修订后的办法于 2015 年 3 月 1 日起施行。在新施行的《残疾人航空运输管理办法》中,明确了航空公司的权利和义务以及残疾旅客运输的相关规定和要求。

在残疾旅客运输中,承运人以不拒绝为原则。除另有规定外,承运人不得因残疾旅客的残疾造成其外表或非自愿的举止可能对机组或其他旅客造成冒犯、烦扰或不便而拒绝运输;承运人拒绝为具备乘机条件的残疾旅客提供航空运输时,应向其说明拒绝的法律依据;具备乘机条件的残疾旅客要求提供书面说明的,承运人应在拒绝运输后 10 日内提供。

《残疾人航空运输管理办法》明确了在运输过程中没有陪伴人员,但在紧急撤离时需要他人协助的以下 5 类残疾旅客及其乘坐飞机时的人数限制(表 1-6):

(1)使用轮椅的残疾人。

(2)下肢严重残疾但未安装假肢的残疾人。

(3)盲人。

(4)携带服务犬乘机的残疾人。

(5)智力或精神严重受损不能理解机上工作人员指令的残疾人。

残疾旅客人数限制　　　　　　　　　表 1-6

飞机座位数(个)	残疾旅客人数限制(人)
51~100	2
101~200	4
201~400	6
400 以上	8

注:载运残疾人数超过上述规定时,应按 1:1 的比例增加陪伴人员,但残疾人数最多不得超过上述规定的一倍;载运残疾人团体时,在按 1:1 比例增加陪伴人员的前提下,承运人采取相应措施,可酌情增加残疾人乘机数量。本条不包含具备乘机条件的残疾旅客。

上述 5 类残疾旅客应在定座时,最迟不能晚于航班离站时间前 48 小时向承运人或销售代理人说明其残疾情况和所需的特殊服务:

(1)供航空器上使用的医用氧气。

(2)托运电动轮椅。

(3)提供机上专用窄型轮椅。

(4)为具备乘机条件的残疾人团体提供服务。

(5)携带服务犬进入客舱。

承运人应在 24 小时内答复是否能提供以上（1）~（4）项服务。

一般的残疾旅客办理乘机手续和普通旅客相同，部分残疾旅客需要在普通旅客办理乘机手续截止前 2 小时在机场办理，具备乘机条件的残疾人没有提前 48 小时通知或提前 2 个小时在机场办理乘机手续的，承运人应在不延误航班的情况下尽力提供上述服务或乘机时的相关协助。落地后，对就座前排且可以自行移动或在陪伴人员协助下可移动的、有自理能力或半自理能力的残疾旅客，在地面工作人员到达后，应尽快协助其下机；对就座前排、不能移动、无自理能力的残疾旅客应进行沟通协商，征求旅客同意后可安排最后下机。残疾旅客登机阶段，由乘务长指派专人引导入座，当因其他原因地面工作人员未对残疾旅客座位做特殊安排时，乘务员应尽力协助其调换至带活动扶手的过道座位或方便出入、活动空间较大的座位。没有陪伴人员但在紧急撤离时需要他人协助的残疾旅客在飞机前排就座的，承运人应安排其优先离机。

1. 盲人旅客（BLND）

盲人旅客是指双目失明、单独旅行、需要航空公司提供特殊服务的旅客。在旅行中应有健康的成人陪伴同行。如果是单独旅行，需要航空公司提供特殊服务的盲人旅客必须在定座时提出申请。盲人旅客经航空公司同意可以携带导盲犬乘机（图 1-15）。按照《中国民用航空旅客、行李国际运输规则》相关规定：经承运人同意携带的导盲犬，连同其容器和食物，可装在货舱内免费运输而不计算在免费行李额内。允许符合运输条件的导盲犬进入客舱，并在盲人旅客座位处陪伴，但不能妨碍应急撤离；盲人旅客的座位处不能容纳导盲犬的，承运人应向盲人旅客提供一个座位，该座位处可容纳其导盲犬。

盲人旅客应在登机前为其导盲犬系上牵引绳索，并不得占用座位和让其任意跑动，原则上应该为导盲犬戴上口套，在征得导盲犬机上活动范围内相关旅客同意的情况下，可不要求盲人旅客为导盲犬戴口套。盲人旅客应负责导盲犬在客舱内的排泄，不影响机上卫生。有的承运人要求在飞行中，除可给导盲犬少量饮水外禁止喂食。一般情况下每一航班的客舱内只能装运一只导盲犬。在运输时限制一个航班上可以有 2 名无人陪伴的盲人旅客。有成人陪伴的盲人旅客乘机运输条件和一般旅客一样。

图 1-15　盲人旅客和导盲犬

案例　2012 年 11 月 9 日下午，参加过上海世博会和广州亚残运会的明星导盲犬"珍妮"，陪着主人乘坐厦门航空公司的飞机从北京顺利抵达福州长乐机场。"珍妮"也因此成为厦航史上第一只随乘客上飞机的导盲犬。在航空公司工作人员的帮助下，旅客和"珍妮"第一个进入飞机，最后一个下飞机，坐在航班的最后一排。

2. 聋哑旅客（DEAF）

已满 16 周岁的聋哑旅客乘机的接收条件与运输条件同一般旅客；不满 16 周岁的聋哑旅客若无成人陪伴，一般不予接收乘机。每一航班上限有一名携带导听犬的聋哑旅客。客舱服务过程中，承运人以视频方式向旅客播放安全须知时，应加注字幕或在画面一角使用手语向听力残疾旅客进行介绍；承运人在客舱内播放的语音信息应以书面形式提供给听力残疾旅客。

3. 担架旅客（STCR）

担架旅客（图 1-16）经特别批准后给予承运，不得使用特种票价或折扣票价（按成人票价的 50% 付费的儿童票除外）。担架旅客的免费行李额为 60 千克。担架旅客的陪同人员根据实际占用的座位等级按头等舱、经济舱票价计收。多数航空公司规定每个航班只能收运一名担架旅客，一般安置在经济舱后舱。旅客提出购票申请时，应提供县级或二类甲等及以上医院出具的适宜乘机的医疗证明，说明旅客可以在没有医疗协助的情况下安全完成其航空旅行，医疗证明的开具日期应不早于最早乘机日期前 10 天（不含起飞当日）。登机时，还应出具航班起飞前 24 小时之内开具的允许登机的医疗证明。同时，担架旅客的随行人员应至少有一名年满 18 周岁的成年旅客或医护人员，医护人员必须出示身份证明及职业证明。担架旅客最迟于航班预计起飞时间前 120 分钟到达航班始发地机场办理乘机登记手续。担架旅客需要在飞行中使用医用氧气装置的，需要在申请购票的同时向航空公司提出申请。

图 1-16　担架旅客

4. 轮椅旅客（WCHC/ WCHS/ WCHR）

轮椅旅客（图 1-17）需填写特殊旅客（轮椅）乘机申请书、特殊旅客运输记录单（一式四联）。特殊旅客（轮椅）乘机申请书应由旅客本人签字；如本人书写有困难，也可由其家属或其监护人代签。如有需在飞机上输液、用氧等特殊要求，需在特殊旅客乘机申请书上注明或购买机票时说明。折叠轮椅可作为随身行李带进客舱，也可免费托运；具备乘机条件的残疾旅客托运电动轮椅，应在普通旅客办理乘机手续前 2 小时交运，并符合危险品航空运输的相关规定。机场可以为轮椅旅客提供上下飞机的摆渡轮椅。每一航班的每一航段上载运轮椅旅客的数量因机型而异。

图 1-17　轮椅旅客

残疾旅客使用机上轮椅进入客舱后，无法进入带固定扶手的过道座位的，承运人应为其提供一个带活动扶手的过道座位或方便出入的座位；除另有规定外，承运人应为陪伴人员安排紧靠残疾旅客的座位；当具备乘机条件的残疾旅客与其服务犬同机旅行时，承运人应提供相应舱位的第一排座位或其他适合的座位；对于腿部活动受限制的具备乘机条件的残疾旅客,承运人应为其提供相应舱位的第一排座位或腿部活动空间大的过道座位。轮椅旅客分类及运输条件见表1-7。

轮椅旅客分类和运输条件　　　　　表1-7

轮椅旅客类型	代码	运输条件
可以自己走到或离开客舱座位和上下客梯车	WCHR	有自理能力,运输不受限制
可以自己走到或离开客舱座位,可以自行紧急撤离	WCHS	半自理能力,运输不受限制
自己完全不能行动,撤离时需要他人协助	WCHC	无自理能力,运输受到限制(人数限制见表1-6)

(六)有病史的旅客

有病史的旅客选择飞机旅行时应注意自己的身体状况。如果旅客有以下病史,则不宜选择空中旅行:心血管疾病,因空中轻度缺氧,可能使心血管病人旧病复发或加重病情,特别是心功能不全、心肌缺氧、急性心肌梗死及严重高血压病人,通常认为不宜乘飞机;脑血管疾病,如脑栓塞、脑出血、脑肿瘤,飞机起降时的轰鸣、震动及缺氧等,可能使病情加重;呼吸系统疾病,如肺气肿、肺心病等,患者有气胸、肺泡等,飞行途中可能因气体膨胀而加重病情;做过胃肠手术,一般在手术后十天内不能乘坐飞机;消化道出血,病人要在出血停止三周后才能乘坐飞机;严重贫血,血红蛋白量水平在50克/升以下者;耳鼻有急性渗出性炎症及近期做过中耳手术等旅客,不宜空中旅行。如果旅客是传染性疾病患者,在国家规定的隔离期内,不能乘坐飞机。

(七)遣返旅客(DEPA/DEPU)

遣返旅客指由于旅客违反入境国政府或有关当局规定而拒绝入境或命令其离境的旅客。遣返旅客包括两种:拒绝入境旅客和离境旅客。在接到有关部门关于遣返人员乘坐航空器的通知后,公共航空运输企业应当采取以下措施:及时将该信息通知该航班机长,以便采取适当的保护措施;要求遣返人员在其他旅客登机之前登机,在其他旅客下机之后下机;不得向被押解或遣返人员提供金属餐具和含酒精饮料;由航空安全员对被押解或遣返人员实施全程监控,严防失控。在办理接收或已办理接收遣返人员手续但在飞机未起飞前,被遣返对象有自杀性和激烈反抗行为或上机后可能危及飞机安全的,经机长同意可以不予接收。

(八)被押解的犯罪嫌疑人

公共航空运输企业不得运输因司法或行政强制措施而被押解的人员,除非同时满足表1-8的条件。

押解犯罪嫌疑人需同时满足的条件　　　　表1-8

押解犯罪嫌疑人需同时满足的条件	至少3名执法人员控制1名被押解人员
	一架航空器上被押解人员不得超过3名
	该航班上没有重要旅客
	被押解人员不属于涉嫌暴力及恐怖犯罪

押解人员应当至少在计划航班起飞前24小时,将押解计划通报始发地机场公安机关。机场公安机关应当至少在航班计划起飞前12小时,将押解计划通知公共航空运输企业航空安全保卫部门。公共航空运输企业应当制订程序,确保在接到押解计划后及时将该信息通报机长。客舱乘务员在为被押解的犯罪嫌疑人服务时的注意事项见表1-9。

为被押解的犯罪嫌疑人服务时的注意事项　　　　表1-9

座位安排	被押解人员的座位应当安排在客舱后部,位于押解人员之间,且不得靠近过道、紧急出口等位置
保密原则	被押解人员应在其他旅客登机前登机,在其他旅客下机后下机;客舱乘务员要像对待一般旅客一样对待该旅客;不要将该旅客的身份暴露给其他旅客
服务指南	飞行中,客舱乘务员不得为犯罪嫌疑人提供金属、陶瓷、玻璃等餐具,禁止提供酒类、沸水饮品、瓶装饮料。未经押解人员允许,不得向被押解人员提供食品、饮料
安全原则	在任何情况下,都不得将犯罪嫌疑人铐在座位或其他无生命的物体及客舱设备上。飞行中,航空安全员对被押解人员实施全程监控,严防失控

(九)偷渡者

机组人员应当在他/她企图成为一个偷渡者之前判断出其意图。如果一个人无相应的运输凭据,隐藏在任何分隔舱内,如卫生间、衣帽间、行李舱内,均可怀疑其为偷渡者。处理这类旅客时不要试图收取费用,应立即报告机长。关于这类旅客的一切可能的信息由机长负责通知空中交通管制部门。如在起飞前发现这类旅客,可要求该旅客下飞机;如在起飞后发现这类旅客,由空中交通管制部门负责协助并收集与之有关的信息,并向机长转达指示。

案例

2017年5月23日,郑州边防检查站在执行国际航班出境检查任务时,某航空公司工作人员携带一本外籍旅客护照到边检服务台请求鉴定。

经郑州边防检查站检查员细致鉴别,这本护照和护照内中国签证是真实有效的,但护照内有一枚加拿大签证系伪假签证。这枚签证一般人看起来跟真的没什么两样,但在检查员的"火眼金睛"下,一眼就看出了该签证的几处防伪特征异常。

经询问,该外籍旅客订了前往加拿大的机票,欲乘坐郑州飞往温哥华的航班。航空公司办理值机手续时对该旅客护照内签证真伪产生怀疑,就来到边检现场寻求帮助。郑州边防检查站及时阻止了该旅客欲途经中国,偷渡第三国的违法行为,并对当事人依法处理。

第六节 旅客客舱行李的相关规定

微课程视频

旅客客舱行李的相关规定

为保证飞行中的客舱安全和紧急撤离时通道畅通,旅客的手提行李不得放在过道、出口或没有限动装置的隔间。如果旅客的手提行李过大、过重、过多,超出《中国民用航空旅客、行李国内运输规则》和《中国民用航空旅客、行李国际运输规则》中的相关规定,乘务长应报告机长通知地面工作人员为其办理托运。

一、一般手提行李的规定

CCAR-121部第121.607条对手提行李作了明确的规定:合格证持有人允许旅客携带手提行李登机时,应当按照其运行规范内规定的手提行李程序,对每个旅客的手提行李进行检查,以控制其尺寸、重量和数量。如果旅客的手提行李超过合格证持有人运行规范内手提行李程序规定的允许量,则该旅客不得登机。

合格证持有人在关闭全部旅客登机门,准备滑行或者推飞机前,应当至少有一名机组必需成员核实了每件行李都已按照法条规定存放好。除散放的衣服类物品之外,其他行李应当放在经批准的装有限动装置或者门的行李架上。允许在下方放置行李的每个旅客座椅,应当装有防止置于其下的行李物品向前滑动的装置。此外,每个靠过道的座椅应当装有防侧滑装置,防止置于其下的行李物品在该飞机型号合格审定的应急着陆条件规定的极限惯性力撞击下滑到过道上。

旅客不能把手提行李放在以下区域:影响机组接近应急设备或阻挡旅客看到信号指示牌的区域、不封闭的衣帽间、空餐车位和洗手间里。

每个头顶行李舱都标明了各自的重量限制,客舱乘务员应确保旅客手提行李的重量未超出头顶行李舱的重量限制。

二、特殊行李的规定

1. 婴儿车

旅客携带的婴儿车如是不可折叠的,应要求其托运;伞式婴儿车可挂在封闭式衣帽间内;全折叠式婴儿车的储存与手提行李相同,可以放在非应急出口座位下的前面,尽可能远离出口;如果是双通道飞机,婴儿车可以斜放在中央座椅下。

2. 儿童限制装置

根据 CCAR-121 部第 121.311 条的规定,对于不满 2 周岁的儿童,可以由占有经批准座椅或者卧铺的成年人抱着,也可以乘坐于经中国民航局批准的儿童限制装置(图 1-18)内,该装置可以是合格证持有人配备的,也可以是儿童父母、监护人携带的,或者是该儿童父母、监护人指定在飞行中照料其安全的护理人员携带的,但合格证持有人应当确保:

(1)儿童限制装置能够被恰当地固定在经批准的前向座椅或者卧铺上。

(2)儿童能够被恰当地系紧在该限制装置内,并且其体重不超过该装置所规定的重量限制。

图 1-18 儿童限制装置

（3）在飞机起飞、着陆和地面移动期间，不得使用助力式儿童限制装置、马甲式儿童限制装置、背带式儿童限制装置和抱膝式儿童限制装置。在每个无人乘坐的座椅上，若装有安全带或者肩带装置，则应当将其固定好，使其不妨碍机组成员执行任务或者紧急情况下人员迅速撤离。

为保证有一放置儿童限制装置的座位，成年人应当为儿童购票。如果在同行成年人旁边有空余座位且又符合相关规定，可以被用来放置一个儿童限制装置。如果没有空余座位，任何未购票的儿童限制装置都应当符合许可储藏区域内的尺寸规定或托运。如果小于2岁的儿童无座位或该装置不能放置在机上座位上，该婴儿应由成年人抱着，儿童限制装置则需收藏或托运。如果该装置能够放置在飞机座位上，则在起飞、着陆期间，应将该儿童限制装置用座椅安全带紧密固连在飞机座椅上。客舱乘务员应当与同行成年人一起检查确认该儿童限制装置已固定在飞机座椅上。同行成年人应确保该儿童没有超过限制装置所规定的重量［体重小于26千克（约57磅），身高小于125厘米（约49英寸）］。一个以上的儿童，如果是来自同一家庭或团体，儿童限制装置应按规定的位置固定在同一排。儿童限制装置可放在任何靠窗口的座位，但不允许放在任何过道边座椅、应急出口座位一排上的任何座椅、应急出口座位前面一排或后面一排的任何座椅。

3. 旅客医用氧气

CCAR-121部第121.574条对旅客携带和使用医用氧气（图1-19）作出了相关规定：医用氧气由合格证持有人提供，能为使用者提供每分钟4升的最低氧气流量，每个使用该设备的人员均应持有由合格医生签署的书面证明等。每个人员有不超过一名陪伴亲属（或者其他有关人员）和医护人员时，在该飞机上载运医用氧气不适用本款规定。

当设备装机时和计划在空中使用这些设备时，应当通知机长；该设备应妥善安放，使用该设备的每个人都应正常就座，以免妨碍接近或者使用客舱中任何必需的应急出口、正常出口或者过道。任何人不得在装载的氧气存贮和分配设备3米（约10英尺）之内吸烟。在飞机上有旅客的情况下，合格证持有人不得允许任何人把氧气分配设备从充满氧气的氧气瓶上拆开或者接上。

图 1-19 旅客使用医用氧气

三、额外占座行李

1. 三超行李对飞行安全的影响

由于现在航空市场竞争激烈,航空公司为了争夺客源而对旅客的客舱行李放宽了要求,由此给客舱乘务员的工作带来了很多困难。许多航班中,旅客携带超多、超大行李登机成了普遍现象,尤其是客座率高的热门航线,许多旅客因为怀疑交运行李的安全性,常常将行李拿进客舱并堆放在空座位或地板上。那么,旅客携带三超行李(超大、超重、超多)登机对客舱安全有哪些影响呢?

(1)每个头顶行李舱空间有限并都有最大荷载限制,旅客间常为争夺头顶行李舱的空间而吵架,客舱乘务员不仅需要为后到旅客寻找放行李的地方,还需要妥善处理,否则很容易被旅客投诉。一些客舱乘务员为了不影响航班延误、不被旅客投诉,而将行李放于不安全位置,如后厨房、过道旁等。

(2)旅客手提行李超重,会给飞行带来很大的安全隐患。因为手提行李超过5千克的部分没有经过磅秤计算并计入飞机的业载重量,使得飞机的实际起飞重量超过了舱单上记载的重量,造成飞机超载。

(3)飞机遭遇强颠簸或紧急迫降时,强大的冲击力会使行李从头顶行李舱中甩出或脱落,砸伤旅客;发生紧急情况需要紧急撤离时,散落在过道上或紧急出口处的行李会严重妨碍旅客撤离。

（4）旅客行李过重，客舱乘务员在安放行李的过程中，手腕、腰部容易扭伤。

2. 额外占座行李的限制条件和要求

一般情况下，航空公司不允许在飞机客舱内装载行李。行李需占座时，旅客必须在定座时提出并经航空公司同意，占座行李要有带座位号码的登机牌。客舱中只限装运易碎及贵重物品，占座行李的重量要求不超过 75 千克，体积要求不超过 20 厘米×40 厘米×55 厘米。占座行李的高度不允许超过客舱窗口的高度，不得遮挡任何旅客告示和出口标志。占座行李不能利用应急出口座位，不能妨碍和阻塞任何应急出口和客舱通道。

> **案例**
>
> 2013 年 8 月 21 日，某航班因出现起落架舱火警信号，飞机在福州机场降落，121 名旅客通过应急滑梯安全撤离，4 名旅客在撤离过程中受轻伤。有旅客在微博上留言："飞机降落后突遇火警，所有人仓皇中从逃生通道滑梯滑下来，我滑下后不久，滑梯就断裂，空姐最后滑出，栽倒在地。"该微博称，是乘客在撤离的过程中拎着大包小包行李，行李划破滑梯，使之断裂，导致最后出来的空姐栽倒在地。

知识拓展

根据中国民航局 2021 年 9 月 1 日正式实施的《公共航空运输旅客服务管理规定》第 37 条，承运人应当在运输总条件中明确行李运输相关规定，至少包括下列内容：托运行李和非托运行李的尺寸、重量以及数量要求；免费行李额；超限行李费计算方式；是否提供行李声明价值服务，或者为旅客办理行李声明价值的相关要求；是否承运小动物，或者运输小动物的种类及相关要求；特殊行李的相关规定；行李损坏、丢失、延误的赔偿标准或者所适用的国家有关规定、国际公约。

《公共航空运输旅客服务管理规定》充分尊重企业的自主经营权，不再对行李尺寸、重量、免费行李额、逾重行李费、小动物运输等进行统一规定，承运人可根据企业经营特点自行制定相关标准并对外公布。

本章小结

本章介绍了民航规章中有关客舱乘务员资质要求、执勤要求、出口座位定义和出口座位旅客资格审核、特殊旅客运输、客舱行李运输、安全演示等相关内容。通过该章学习,学生能较好掌握民航规章中与客舱安全相关的部分,了解特殊旅客乘坐飞机的要求。

思考与练习

一、填空题

1. 根据 CCAR-121 部第 121.391 条对客舱乘务员配备的规定,对于旅客座位数量为 51~100 的飞机,至少配备 _____ 名客舱乘务员。

2. 在按照 CCAR-121 部运行时,在飞机上担任客舱乘务员的人员应当持有现行有效的航空人员 _____ 和合格证持有人颁发的客舱乘务员 _____ 证。

3. 怀孕 36 周的旅客如果没有 _____,可按 _____ 旅客运输。

4. 新聘客舱乘务员(含外籍客舱乘务员)应在航线飞行中进行 _____ 检查,即在中国民航局认可的客舱乘务检查员的监督下,履行规定的职责至少达到 _____ 小时。

5. 根据 CCAR-121 部第 121.455 条的规定,客舱乘务员应当在前 _____ 个日历月内完成复训地面训练和 _____ 检查。

6. 每一机组成员的定期应急演练在 _____ 初次训练时完成,以后每 _____ 个日历月定期复训一次。

7. 合格证持有人在为客舱乘务员安排飞行时,应当保证客舱乘务员的 _____ 在任何连续 7 个日历日内不超过 _____ 小时。

8. 担架旅客经 _____ 后给予承运,担架通常置于客舱 _____。

9. 一般来说,航空公司不接收 _____ 周岁以下的聋哑儿童或 _____ 的无人陪伴儿童单独乘机。

10. 客舱乘务员不得向遣返旅客提供 _____ 餐具和 _____ 饮料。

二、判断题

1. 根据CCAR-121部第121.538条的规定,客舱乘务员所服务的机型数量应当不超过两种,如果合格证持有人所运行的机型中有两种机型在安全设备和操作程序上相类似,经中国民航局批准可增加至3种。（   ）

2. 合格证持有人在为客舱乘务员安排飞行时,应当保证客舱乘务员的总飞行时间在任一日历月内不得超过110小时,任一日历年内不得超过1300小时。（   ）

3. 被押解人员的座位应当安排在客舱后部,位于押解人员之间,且不得靠近过道、紧急出口等位置。（   ）

4. 在出口座位就座的旅客要求更换座位时,机组成员必须要求其讲出理由。（   ）

5. 旅客拒绝遵守合格证持有人机组成员发出的出口座位限制的指示,合格证持有人按照规定不得拒绝运送该旅客。（   ）

6. 手提行李可以存放在不封闭的衣帽间的地板上。（   ）

7. 不封闭的衣帽间仅用来放置衣物或悬挂衣袋,手提行李不能放置在这些区域的地板上。（   ）

8. 客舱中占座行李重量不超过75千克,体积不超过20厘米×40厘米×55厘米。（   ）

9. 根据中国民航局有关规定,每个厕所必须装有"严禁破坏厕所烟雾探测器"标志或标牌。（   ）

10. 客舱乘务员必须为障碍性旅客、无人陪伴的未成年旅客和需要帮助的旅客单独介绍安全须知卡。（   ）

三、简答题

1. 客舱乘务员飞行执勤期有哪些规定?
2. 机组成员参加的安保培训有哪些内容?
3. 轮椅旅客分类有哪些?乘坐飞机时需遵守哪些规定?
4. 担架旅客乘坐飞机的条件及要求是什么?
5. "三超"行李对飞行安全有哪些影响?

Cabin Safety

第二章

客舱安全规则（二）

❀ **素质目标**

1. 培养学生的安全意识和安全理念；
2. 培养学生敬畏规章、敬畏职责的民航精神；
3. 培养学生的大局意识。

❀ **学习目标**

1. 掌握机上个人电子设备使用的相关规定和要求；
2. 掌握客舱乘务员职责中有关驾驶舱安全运行的相关规定；
3. 掌握机上重大事件分类及相关报告要求。

第一节 便携式电子设备的规定

微课程视频
便携式电子设备的规定

一、电子设备对飞行安全的影响

近年来,随着便携式电子设备特别是移动电话的日益普及,在民用航空器上使用移动电话和其他电子设备的现象也日渐增多,对飞行安全已构成威胁。飞机在起飞、爬升、进近和着陆等关键阶段,由于航空器处于低高度,任何电磁干扰都有可能造成严重后果。

手机等电子设备和飞机无线电导航系统都属于信号收发设备,目前手机的频道与飞机无线电导航系统十分接近,一旦手机频道发生少许变化,接近飞机无线电导航系统,那将特别危险,有可能造成0.8/10海里的偏航。在飞行关键阶段,手机若未设在飞行模式,使用手机会产生大量不规则电磁场,对飞机仪表,特别是飞机内部的许多线束产生影响,突然变化的磁场会在线束中产生瞬间高压,从而极有可能烧坏电子设备,或使电子设备短时失效,甚至可能引起火灾。飞行关键阶段使用手机等电子设备还会影响驾驶舱与机场塔台的通信联络,造成驾驶舱和塔台之间通话质量较差。

但随着无线通信技术的快速发展,社会公众对飞机上使用便携式电子设备,特别是使用手机的需求越来越强烈,多个国家的研究机构和专业组织对机上便携式电子设备(Portable Electronic Devices,PED)的使用进行了持续性研究。波音、空客等飞机制造商也在设计环节考虑如何防止 PED 干扰。航空无线电技术委员会先后发布行业标准,提出了航空器抗 PED 电磁干扰的技术规范,这也为进一步开放 PED 使用奠定了基础。

二、我国民航规章的相关规定

2018年1月16日,中国民航局飞行标准司发布《机上便携式电子设备使用指南》(以下简称《指南》),对航空公司评估和验证在飞机上使用 PED 提供具体要求和指导,也为中国民航局进行事中、事后监督检查提供依据。《指南》对于航空公司在其运营的飞机上开放机上 PED 使用前,应建立的使用规范作出规定。其中,航空公司需要做到五点:一是明确可用的 PED 种类;二是明确可用/禁用的飞行阶段;三是明确 PED 的存放、保管和应急处置要求;四是明确可用/禁用模式;五是明确通知旅客的方式以及内容。《指南》明确,在空中应关闭 PED 的蜂窝移动通信功能(语音和数据)。

《民用航空飞行标准管理条例》(征求意见稿)第四十六条"航空器乘员在使用电子设备时的义务"规定:航空器上所有人员未经国务院民用航空主管部门批准,不得在按照仪表飞行规则飞行或实施公共航空运输飞行的航空器内使用主动发射电磁信号、可能干扰航空器电子系统的便携式电子设备。航空器运营人和航空器机组成员应当要求所有乘员遵守该款要求。

CCAR-121 部第 121.573 条"便携式电子设备的禁用和限制"对便携式电子设备(PED)的机上使用也有着严格的限制要求:

(a)除本条(b)款规定外,任何人不可以使用,合格证持有人或机长也不得允许在按照本规则运行的飞机上使用任何便携式电子设备。

(b)本条(a)款不包括:

- 便携式录音机;
- 助听器;
- 心脏起搏器;
- 电动剃须刀;
- 合格证持有人认为使用时不会影响飞机导航和通信系统的便携式电子设备。

(c)本条(b)款第(5)项由合格证持有人对特定便携式电子设备使用情况验证后决定。

(d)在飞行期间,当机长发现存在电子干扰,并怀疑该干扰来自机上乘员使用的便携式电子设备时,机长和机长授权人员应当要求其关闭这些便携式电子设备;情节严重的应当在飞机降落后移交地面公安机关依法处置,并在事后向中国民航局报告。

机上旅客违反规定使用电子设备将面临罚款、拘留等处罚。《中华人民共和国治安管理处罚法》第三十四条规定:在使用中的航空器上使用可能影响导航系统正常功能的器具、工具,不听劝阻的,处五日以下拘留或者五百元以下罚款。

《民用航空飞行标准管理条例》第 114 条规定:航空器乘员违反本条例第 24 条

和第 52 条的,由公安机关给予警告,处 500 元以上 1 万元以下罚款;构成违反治安管理行为的,由公安机关依法给予行政处罚;构成犯罪的,依法追究刑事责任。

案例 2017 年 8 月 19 日 07 时 05 分,郑州机场航站楼派出所接民航河南机场公安局反恐指挥中心通知,郑州至三亚航班上,一名男性旅客不听机组人员劝阻,执意在飞机滑行过程中使用手机,迫使该航班滑回。接警后,当日值班民警迅速赶往廊桥,并通知隔离区巡逻警组进行先期处置。到达现场后,经警方初步调查,旅客焦某在航班滑行过程中不听空乘人员劝阻,执意使用手机,机组迫于飞行安全考虑,在起飞前果断滑回执飞航班,该航班也因此造成延误。民警登机后遂将焦某控制并带走调查,查实焦某违法行为后,警方依法给予焦某行政拘留十日的治安处罚。

> **知识拓展**
>
> **机上 Wi-Fi 连接**
>
> 机上 Wi-Fi 连接方式包括基于卫星网络的地空通信和基于地面基站的地空通信两种,由于地面基站(ATG)受地形和天气条件限制较多,国内航空公司基本通过卫星提供机上互联网服务。截至 2020 年末,国内 11 家航空公司的 213 架飞机具备空中接入互联网能力的,基本分布于宽体机机队。为实现机上 Wi-Fi 连接,航空公司将投入高昂的成本:改装一架飞机费用大概在 200 多万元人民币;飞机停场改装需要 3~5 天,这期间不能飞行运营将造成损失;设备加重、通信天线将增加飞行阻力,也会增加油耗。目前,航空公司机上 Wi-Fi 运营仍处于前期投入和培育建设阶段,旅客可通过积分兑换、里程兑换和付费模式使用机上 Wi-Fi。
>
> 机上 Wi-Fi 技术复杂、门槛高,较早发展空地互联的欧美航空公司将其作为一项增值服务,按照小时、流量或是固定包月等形式向旅客收费,以增加辅助营销收入。

三、美国的相关规定

随着信息技术的发展,人们对随时随地享受通信服务的需求越来越大,乘客在飞机上享受通信服务的安全性和可行性越来越受到关注。由于越来越多的新飞机，如空客 A330、A380 或波音 B787 都考虑到了 PED 的电磁干扰，在设计阶段已经使用了电磁屏蔽技术。美国联邦航空管理局（FAA）于 2013 年 10 月 31 日终于迈出了关键的一步，官方宣布航空公司可以允许飞机乘客在飞行模式下全程使用手机等电子设备的规定。从起飞到降落，乘客不需要关闭电子设备的电源，可以全程使用游戏、音乐和视频功能。但除机内 Wi-Fi 之外，邮件、网络以及通话仍将被禁止。FAA 上述规定仅限美国国内航班。

2015 年 5 月 7 日，FAA 向航空公司提供正式的评估程序——《机上便携电子设备的使用》（AC91-21.1C）。这份咨询通告细化了 FAA 于 2013 年 10 月决定航空公司可以在安全许可的范围内扩大旅客对 PED 的使用，并至飞机飞行全程的规定，全面规范了 PED 的技术评估和使用程序，允许承运人在确定 PED 不会干扰飞机的导航系统或通信系统的前提下使用 PED，由承运人自行负责确定允许使用的 PED。

第二节 飞行关键阶段客舱与驾驶舱的联络

微课程视频

飞行关键阶段客舱与驾驶舱的联络

飞行关键阶段是事故多发时段，据统计，有 85% 的事故发生在这一时段，因此也叫作飞行中"危险的 11 分钟"。在飞行关键阶段，除非涉及飞行安全，客舱乘务员禁止进入驾驶舱或与驾驶舱联络。CCAR-121 部第 121.539 条对机组在飞行关键阶段的职责和行为规定如下：

（a）在飞行的关键阶段，合格证持有人不得要求飞行机组成员完成飞机安全运行所必需的工作之外的任何其他工作，飞行机组任何成员也不得承担这些工作。预定厨房供应品，确认旅客的衔接航班，对旅客进行合格证持有人的广告宣传，介绍风景名胜的广播，填写与运行无关的公司报告表、记录表等工作都不是飞机安全运行所必需的工作。

（b）在飞行的关键阶段，飞行机组成员不得从事可能分散飞行机组其他成员工作精力,或者可能干扰其他成员正确完成这些工作的活动,机长也不得允许其从事此种活动。这些活动包括进餐、在驾驶舱进行无关紧要的交谈、在驾驶舱和客舱乘务员之间进行无关紧要的通话、阅读与正常飞行无关的刊物等。

（c）在飞行期间,合格证持有人制定的服务程序不得影响客舱乘务员履行安全职责。

（d）在飞行的关键阶段,合格证持有人不得要求客舱机组完成安全所必需的工作之外的任何其他工作,客舱机组任何成员也不得接受这些工作。

（e）在本条中,飞行关键阶段是指滑行、起飞、着陆和除巡航飞行以外在3000米（约10000英尺）以下的飞行阶段。

在飞行关键阶段客舱发生安全相关状况,客舱乘务员要按公司程序报告驾驶舱,如表2-1所示。

飞行阶段发现问题通知机长时间表　　　　表2-1

发现问题阶段	向机长报警时间
滑行、巡航或下降	立即报警
起飞和爬升	安全带灯关熄灭后,立即报警
最终进近和着陆	飞机离开着陆跑道后立即报警

有时,客舱乘务员很难断定什么时候通知驾驶舱不会干扰飞行机组的正常操作,国外某些航空公司提倡"10分钟"原则,即在起飞后10分钟和落地前10分钟,如果无紧急情况,不得与驾驶舱通话。

第三节 进入驾驶舱人员的限制

微课程视频

进入驾驶舱人员的限制

一、被准许进入驾驶舱的人员

为保证飞行安全、避免飞行机组在飞行过程中受到干扰,中国民航局在CCAR-121部第121.545条对哪些人员可以进入驾驶舱作了如下明确规定：

（a）下列人员可以进入飞机驾驶舱，但并不限制机长为了安全而要求其离开驾驶舱的应急决定权：

- 机组成员；
- 正在执行任务的中国民航局监察员或者中国民航局委任代表；
- 得到机长允许并且其进入驾驶舱对于安全运行是必需或者有益的人员；
- 经机长同意，并经合格证持有人特别批准的其他人员。

（b）被准许进入驾驶舱的非机组人员，应当在客舱内有供该人员使用的座位，但下列人员在驾驶舱有供其使用的座位时除外：

- 正在对飞行操作进行检查或者观察的中国民航局监察员或者经授权的中国民航局委任代表；
- 中国民航局批准进行空中交通管制程序观察的空中交通管制员；
- 合格证持有人雇用的持有执照的航空人员；
- 其他合格证持有人雇用的持有执照的航空人员，该员得到运行该飞机的合格证持有人的批准；
- 运行该飞机的合格证持有人的雇员，其职责与飞行运作的实施或者计划，或者空中监视飞机设备或者操作程序直接有关，此人进入驾驶舱对于完成其任务是必需的，并且已得到在运行手册中列出的有批准权的主管人员的书面批准；
- 该飞机或者其部件的制造厂家技术代表，其职责与空中监视飞机设备或者操作程序直接有关，进入驾驶舱对于完成其职责是必需的，并已得到该合格证持有人在运行手册中列出的有批准权的运行部门负责人的书面批准。

根据此规定，在飞机离港滑行到进港着陆滑行结束的整个阶段，除非被准许的人员符合表2-2所列情况，否则航空公司的飞行运行人员不得准许旅客或其他人员进入驾驶舱。

被准许进入驾驶舱的人员　　　　　表2-2

被准许进入驾驶舱的人员	机组成员
	正在执行任务的中国民航局监察员或中国民航局委任代表
	得到机长允许，并且其进入驾驶舱后对于安全运行是必需或者有益的人员
	由航空公司批准，持有执照的其他航空公司雇员
	中国民航局批准进行空中交通管制程序观察的空中交通管制员
	已得到书面批准的该飞机或其部件的制造厂技术代表
	经机长同意，并经航空公司运行管理部门特别批准的任何人

以上人员可以进入驾驶舱,但并不限制机长为了安全而要求其离开驾驶舱的应急决定权。中国民航局指定的监察员执行监察任务时,向机长出示中国民航局监察员证件后,机长应当允许该监察员不受阻碍地进入该飞机的驾驶舱。

二、进入驾驶舱的安全程序

不同航空公司在不同时期进入驾驶舱的安全程序都有所不同。通常来讲,机组人员进入驾驶舱应使用事先确定的联络信号。其他被准许的人员进入驾驶舱前,乘务长应先通过内话机与驾驶舱联络,在获得机长批准后方可进入驾驶舱。进入驾驶舱后应将舱门锁定,防止他人尾随而入。

第四节 飞行中对飞行机组的服务

食物中毒会影响飞行机组的工作能力,进而影响飞行安全,为机组供餐的客舱乘务员应保证供给机长和其他机组成员的食品是完全不同的。为了飞行机组的安全,同一机组配备同一种餐食时,机长和其他机组成员的进餐时间需相隔一小时。剩余的餐食,冷却后不能再次加热提供给机组成员。

客舱乘务员在进入驾驶舱前,需按联络信号联系。起飞及"系好安全带"信号灯关闭后,客舱乘务员才能为机组成员供应餐饮服务。提供餐饮时,客舱乘务员不可使餐食饮料越过中央仪表板,颠簸时禁止向驾驶舱提供餐饮。飞机在地面停留时,客舱乘务员禁止使用敞口杯为驾驶舱内的飞行机组提供饮料。禁止将茶壶放在驾驶舱内。所有送入驾驶舱的物品,用完之后,及时收回。在驾驶舱内与机组人员对话前,客舱乘务员应注意观察不影响机组的工作。

第五节
机上重大事件报告

中国民航局飞行标准司 2019 年 1 月 25 日发布的咨询通告《客舱运行管理》（AC-121-FS-2019-131）附件二"记录与报告"，把机上紧急事件分为紧急医学事件、机上扰乱及非法干扰行为、客舱紧急/非正常事件三大类，并对事件报告的填写、上报和保存提出了相关要求。

一、紧急医学事件

造成飞机改航备降等不正常运行的人员伤病或死亡，飞机不正常运行导致人员伤病或死亡，以及突发公共卫生事件，应在事发 5 天内报告中国民航局，记录应保存 24 个日历月。

（1）使用应急医疗箱、急救箱、卫生防疫包时，须填写相关单据。

（2）机组成员发生因身体原因不能正常履职或造成不安全事件时，应及时填写"航空人员航空卫生信息报告表"，并在 24 小时内报告中国民航局。

二、机上扰乱及非法干扰行为

（1）对违反酒精饮料相关管理规定，或由醉酒状态以及受毒品、麻醉品影响，行为异常的人进入飞机引起的骚扰事件，须及时填写机上事件报告单，合格证持有人须在事发后 5 天内向中国民航局报告。

（2）旅客登机前和下机后，客舱机组成员应对客舱做排除可疑物和外来物的清舱检查，如发现可疑物须立即记录与报告。

（3）对于违反航空安全保卫规定的机上扰乱行为和非法干扰行为，应及时填写记录，并视情节严重性上报中国民航局。（《公共航空旅客运输飞行中安全保卫工作规则》）

三、客舱紧急/非正常事件

发生紧急撤离、烟雾/火警、客舱释压、危险品泄露、滑梯包脱落或滑梯展开等事件,须填写机上事件报告单,并上报中国民航局。

本章小结

本章重点阐述了飞机上使用便携式电子设备(PED)的相关规定、飞行关键阶段定义以及和驾驶舱联络的注意事项,明确了飞行中对飞行机组的服务要求、进入驾驶舱人员的限制、飞行中应急医学事件和机上重大事件的报告规定。通过本章学习,学生掌握了飞行关键阶段旅客非法使用电子设备对飞行安全的影响以及与驾驶舱联络的时间和方式。

思考与练习

一、填空题

1. 飞行关键阶段是指飞机滑行、起飞、着陆和除_____飞行以外在_____米以下的飞行阶段。

2. 其他被准许的人员进入驾驶舱前,_____应先通过内话机与驾驶舱联络,在获得_____批准后方可进入驾驶舱。

3. 提供餐饮时,乘务员不可使餐食饮料越过_____,颠簸时禁止向驾驶舱提供餐饮。

4. 飞机在起飞和上升阶段,左后卫生间突发火警,客舱乘务员必须等_____熄灭后,立即报警。

5. 飞行关键阶段非法使用电子设备且情节严重者,机组应当在飞机降落后移交_____依法处置,并在事后向_____报告。

6. 根据《中华人民共和国治安处罚法》规定,在使用中的航空器上使用可能影响导航系统正常功能的器具、工具,不听劝阻的,处_____日以下拘留。

7. 中国民航局监察员执行监察任务时,向机长出示中国民航局_____证件后，可以_____地进入该飞机的驾驶舱。

8. 通常来讲，机组成员进入驾驶舱应使用事先确定的_____。

9. 为了飞行机组的安全，机长和其他人员的餐食最好_____，如果是同样的餐食，进餐时间需相隔_____。

10. 紧急医学事件包括造成飞机_____等不正常运行的人员伤病或死亡，飞机不正常运行导致人员伤病或死亡，以及突发_____事件。

二、判断题

1. 飞行期间，旅客使用便携式电子设备不会对飞行安全产生影响。（　　）
2. 在起飞、着陆等飞行关键阶段，应当关闭所有便携式电子设备电源。（　　）
3. 其他航空公司机组成员可以随时进入驾驶舱。（　　）
4. 各航空公司进入驾驶舱的安全程序都是相同的。（　　）
5. 飞机在地面停留时，客舱乘务员为驾驶舱内的飞行机组提供饮料服务时没有任何限制。（　　）
6. 飞机在着陆时旅客突发心脏病，客舱乘务员应马上向驾驶舱报告。（　　）
7. 在飞行关键阶段如果旅客突发疾病，客舱乘务员应立即报告驾驶舱。（　　）
8. 旅客违规使用手机、经劝阻后停止使用，客舱乘务员可以不用填写重大事件报告单。（　　）
9. 航空公司应保留紧急医学事件记录单至少12个月。（　　）
10. 填写重大事件报告单时应尽量避免主观性的评论。（　　）

三、简答题

1. 飞行关键阶段使用手机对飞行安全有哪些影响？
2. 机上使用便携式电子设备有哪些规定？
3. 飞行关键阶段对飞行机组和客舱机组有哪些要求？
4. 飞行关键阶段客舱突发紧急情况，客航乘务员在报告驾驶舱时应遵循哪些规定？
5. 在为飞行机组提供餐饮服务时，客舱乘务员应遵守哪些规定？

第三章

客舱乘务员飞行工作四个阶段

❖ 素质目标

1. 培养学生的安全意识和安全理念；
2. 培养学生的规章意识；
3. 培养学生的责任感和使命感；
4. 培养学生正确的职业观、世界观和价值观。

❖ 学习目标

1. 掌握客舱乘务员飞行工作四个阶段的工作流程和主要的安全职责；
2. 掌握清舱的时间要求和清舱区域；
3. 掌握静默（30秒）相关要求；
4. 掌握飞机过站时需要加油的相关规定。

客舱乘务员飞行工作共包括四个阶段：飞行前准备阶段（预先准备、直接准备）、机上准备阶段（上机后、旅客登机前）、飞行实施阶段（旅客登机时、关闭舱门前、飞机滑行/推出前、飞机滑行、起飞前、飞行中、着陆前、着陆后、经停/到达停机前）和航后讲评阶段。

第一节 飞行前准备阶段

飞行前准备阶段

飞行前准备阶段包括预先准备和直接准备两个阶段。客舱乘务员在接受航班任务后，需要及时查看航班相关信息，复习航线知识、安全规章等相关内容；了解航空公司最新规定，检查需要携带的证件、业务资料和相关手册，准备好个人携带物品。

根据中国民航局《关于规范航空承运人飞行前准备的咨询通告》（CCAR-AC-121-23）相关规定，空勤人员可以在航班前48小时至12小时内进行网上准备，多数航空公司要求执行航班的组员在航班起飞前2小时，按照公司规定携带好自己的证件和装具，到达指定区域进行飞行前的准备。

航前准备会对执行航班具有更强的针对性，它可以是飞行机组和客舱机组联合召开，也可以为客舱机组单独进行（图3-1）。在准备会中，乘务长会对客舱乘

图3-1 航前准备会

务员的仪容仪表和须携带的物品进行检查确认。通常准备会时间大约为 30 分钟，主要内容为乘务长进行航班相关信息介绍和空防形势通报等。乘务长会主要介绍以下内容：航班基本信息、乘务组信息和职责分工、紧急情况处置程序、餐食供应安排、服务标准及程序、近期业务通告、特殊旅客及重要旅客的情况及安排。如果为国际或地区航班和驻外航班，乘务长还要介绍所飞国家或地区的出入境检验检疫规定、驻外管理等。近年来，很多航空公司在准备会中，还会对客舱乘务员的基本业务知识，特别是客舱安全知识进行简单考核，如果客舱乘务员不能达到基本的考核标准，乘务长会中止该乘务员该航班任务，由备份人员代替；此外乘务长还会检查组员是否携带了要求携带的手册、围裙、备用眼镜等其他物品。大约在航班起飞前 90 分钟，机组和乘务组将乘坐机组班车前往机坪或候机楼办理登机手续。

第二节 机上准备阶段

微课程视频

机上准备阶段

一、上机后

机组登机后要对飞机进行详细的安全检查（图 3-2），不仅对于飞机的安全设备本身，还要基于空防规定对飞机进行相关检查。飞行前的安全检查对于紧急情况的及时处理和保证旅客飞行安全至关重要。

客舱乘务员登机后，首先按照规定放置好个人物品，然后根据本航班的个人任务区域对照"乘务员手册"及相关文件进行认真检查，重点检查应急设备、客舱服务设备及其他设备，并执行清舱程序。

1. 应急设备检查

检查应急设备是否在位、固定、铅封完好、有效性标签完整并在有效日期内。对于"乘务员手册"要求进行测试的设备，均应进行设备的功能性测试。

图 3-2 客舱安全检查

2. 客舱设备检查

检查项目主要包括内话系统、广播系统、音像设备、灯光照明设备、厨房设备等客舱设备。查看"客舱记录本"里记录的客舱设备故障,若有故障,检查是否已做维护处理,是否有故障保留项目,并及时向地面机务人员或机组通报客舱设备情况。所有记录上都应有签名,并由机务维修人员填写对缺陷或故障的处理情况。同时客舱乘务员还须确认旅客座椅口袋里的安全须知卡和出口座位须知卡在位并且与机型相符,清点餐食。完成所有检查后应报告带班乘务长。

二、旅客登机前

所有地面工作人员离机以后、旅客登机前,客舱乘务员要协助安全员(若有)对整个客舱进行清舱检查。要根据检查单规定的内容进行检查,检查的重点是厕所、衣帽间、行李箱、厨房、应急设备存放处等。检查中不留任何死角,确认客舱里无外来或可疑物品。如果检查中发现任何外来或可疑物品时,不要随意触动,应及时报告乘务长、机长,通知地面工作人员。清舱工作完成后报告乘务长,乘务长报告机长,经机长同意后方可上客。

为方便旅客,旅客登机前,客舱乘务员应打开所有的头顶行李箱;确认廊桥或客梯车就位。

第三节 飞行实施阶段

飞行实施阶段

一、旅客登机时

旅客登机时,客舱灯光和厨房灯光调至全亮。确认旅客登机时的乘务员站位,要检查旅客的登机牌,注意旅客的登机情况、手提行李情况及行李摆放情况。旅客登机时,客舱乘务员应面带微笑主动问候,引导旅客就座并协助旅客安放行李。注意观察登机乘客的情况,发现异常旅客应及时报告主任乘务长/乘务长,主动帮助需要特殊照顾的旅客。重点观察年龄在 20~45 岁单独或结伴乘机的旅客,特别要注意其精神状况是否正常、神态有无故意伪装等(图 3-3)。

图 3-3 旅客登机

旅客登机时,客舱乘务员经仔细观察,可拒绝以下人员登机:是或像是中毒者;是或像是吸毒者;身体或精神条件有可能使其在没有客舱乘务员的帮助下,无法理解或执行安全指示;心智不健全的旅客,其行为可能对自身、机组成员或其他旅客造成危险;不听从机组人员指挥;不管是否有意,做出可能危及飞机或机上乘客安全的任何行为。

旅客登机后，客舱乘务员应向需要帮助的旅客主动介绍机上服务设备和应急设备；检查行李舱内的物品是否安放稳妥，并关闭行李舱；如发现有不符合规定的旅客和行李，及时通知乘务长。

二、关闭舱门前

清点旅客人数与舱单是否一致；巡视客舱以确认所有旅客均坐在其座位上，携带婴儿旅客的座位上方有足够的氧气面罩；检查座位及通道上是否有超限行李，对于松散行李应按标准进行固定；检查头顶行李箱是否关闭锁好，确保所有撤离通道没有任何行李和障碍物。关闭舱门前，客舱乘务员应确认出口座位旅客的资格，及时、合理地做出调整，根据需要向旅客简单介绍出口位置，提醒旅客阅读出口座位须知卡和安全须知卡，并报告乘务长。

三、飞机滑行/推出前

舱门关闭后，按照乘务长指令，客舱乘务员操作舱门分离器（滑梯）预位，互相检查，报告乘务长；提示旅客按照规定关闭便携式电子设备电源，收起小桌板、脚踏板，调直座椅靠背，打开遮光板和系好安全带；打开并固定所有隔帘，检查厨房所有物品是否固定，存放好所有服务用具，确认供餐物品包括所有的餐车锁定扣好，厨房不必要的电气设备电源关闭，洗手间无人并锁闭。飞机推出前，客舱乘务员确认旅客均按规定坐好，已将空座位上的安全带扣好。

乘务长再次确认机上无外来人员、物品，所有手提行李安全摆放好，行李舱全部关闭后，与地面工作人员核实并交接；报告机长客舱一切准备就绪，旅客人数及有关随机文件到齐，请求关门，得到机长允许后方可关闭舱门。如果有要求重新打开舱门，乘务长要报告机长，取得机长同意后按照程序进行舱门操作。

飞机推出前，客舱乘务员按规定在自己位置坐好。如果有旅客要求下机，应仔细查明其下机的原因，卸下已经托运的行李，检查其座位和头顶行李箱以及其所接触过的部位是否有物品遗留在飞机上。对于下机有疑问的，为了安全，可以采取部分或全部旅客下机清舱措施。

四、飞机滑行时

在飞机滑行期间,按照CCAR-121部第121.391条(d)款规定:"……在滑行期间,本条要求的客舱乘务员,除完成保障飞机和机上人员安全的任务外,其他时间应当坐在其值勤位置并系好安全带和肩带。"部分旅客可能由于某种原因按动呼唤铃,由于此时处于飞行的关键阶段,如果没有重大安全原因,客舱乘务员应通过广播系统提示旅客待飞机平飞后提供服务。如部分旅客在此阶段突然起身,客舱乘务员也应通过广播系统提示旅客迅速坐下并系好安全带,而不应离开自己的乘务员座位。飞机滑行期间,客舱乘务员应严格遵守飞行关键阶段与驾驶舱联络的相关规定,如无重大安全情况,不能打扰驾驶舱工作。

图3-4 安全演示

及时做好安全演示或播放安全演示录像(图3-4)。播放安全须知时,客舱灯光应最低限度调暗,留10%顶灯灯光以增加紧急情况下的能见度;如果是客舱乘务员做安全演示,客舱灯光应调到最亮。对需要帮助的旅客,包括视线受到限制的座位上的旅客和应急出口旁的旅客,应进行单独介绍。

CCAR-121部第121.583条对"飞机地面移动、起飞和着陆期间食品、饮料和旅客服务设施的固定"作出了相关规定。"当处于下列情形之一时,合格证持有人不得使飞机在地面移动、起飞或着陆:

(1)当旅客座位上放有由合格证持有人提供的食品、饮料和餐具时。

(2)在每个旅客的食品和饮料盘即每个椅背餐桌均被固定在其收藏位置之前。

(3)在每个旅客服务车被固定在其收藏位置之前。

(4)在每个可伸展至过道的电影屏幕被收上之前。"

客舱乘务员必须再次确认完成客舱安全检查工作,确认旅客系好安全带,确认厕所内无人,关闭厕所门并上锁;确认固定好厨房用品,检查锁定装置和制动装置,并固定客舱乘务员座位附近的装置,关闭除照明以外的所有厨房电源;调暗客舱灯光,向乘务长报告各区域完全准备完毕。

案例

某日，某飞北京航线，安全演示播放完毕，一切已经准备就绪，准备起飞，呼唤铃响了。原来是一名旅客想喝水，这时飞机的滑行速度已经很快了，客舱乘务员跌跌撞撞地倒了杯水，走到一半时，已经打起飞铃了，给他端上去，刚要转身回位，他又要报纸。客舱乘务员匆匆往回走，还没等走回到座位，飞机已经起飞了。一个惯性把客舱乘务员甩到了后厨房，脚扭伤了，胳膊也青了一大块。

知识拓展

收起小桌板是为了在紧急撤离时无障碍，保证旅客能以最快的速度离开飞机。小桌板处于平放位置，飞机紧急着陆时，前冲的惯性力会使小桌板冲撞腹部，造成身体伤害；紧急撤离时，小桌板会阻挡身体，影响撤离速度。起飞、下降前调直座椅靠背是因为座椅靠背后倒时，跟背部接触的有效缓冲面积会减少，降低吸收背部的冲撞力；后倒的座椅靠背还会阻挡后排旅客的紧急撤离。

五、起飞前

起飞前，乘务长还要确认客舱安全检查工作落实到位；及时向驾驶舱报告客舱准备完毕信息，如仍未完成准备工作也应向机长报告；起飞信号发出后，向乘务组发出"乘务员各就各位"的指令；如客舱突发危急情况，迅速报告驾驶舱。大约在飞机进入跑道或起飞滑跑前至少一分钟，飞行机组通过旅客广播系统（PA）或两下钟鸣声发出准备起飞信号。起飞信号发出后，及时向旅客广播再次确认系好安全带。客舱乘务员坐在其值勤位置，回想紧急情况发生时的准备措施，也称为静默30秒复查。静默30秒复查包括但不限于：出口操作（Operation）、应急设备的位置和使用方法（Location）、防冲撞练习（Drills for Impact）、身体强健的旅客和残疾旅客（Able-bodied & Disable-bodied）、防冲击姿势（Brace Position）和撤离口令（Commands），这些重要的程序简称为OLDABC。

六、飞行中

起飞爬升阶段是驾驶舱最忙碌的阶段，飞机速度会从零加速至抬头速度后离地。在这个阶段,客舱乘务员除做好自我防护正确姿势外,还应认真监控客舱和驾驶舱,禁止做与飞机安全运行以外的任何其他工作,非紧急情况禁止与驾驶舱进行联络。

飞机爬升到指定高度进入巡航阶段,机组会熄灭系好安全带指示灯。客舱乘务员调节客舱灯光至全亮,提示旅客全程系好安全带,按照客舱服务程序为旅客进行服务,但要注意以下安全要点:保持驾驶舱门附近区域的安全;定时检查客舱、出口、厨房及洗手间,禁止旅客吸烟;在客舱中不能使用带有信号发射装置的电子设备等。发生颠簸时或系好安全带指示灯点亮时,应广播提示旅客系好安全带,保证客舱中始终有乘务员(图 3-5)。

图 3-5 客舱服务

知识拓展

2019 年 6 月,中国民航局发布《关于进一步加强客舱秩序管理工作的通知》,进一步加强客舱秩序管理,保障和督促客舱乘务员履行安全职责,引导形成良好的公共秩序。该通知指出,客舱乘务员对客舱安全负有主要职责,应本着"安全第一"的原则,切实履行客舱秩序的管理职责。

七、着陆前

飞机落地前 30 分钟,客舱乘务员应完成所有服务程序。开始下降时,客舱乘务员应按照程序完成客舱安全检查。收回航空公司提供的餐具、杯子等物品,检查旅客安全带、座椅靠背、小桌板、脚踏板,收好电视

微课程视频

着陆前至航后讲评阶段

屏幕,确认头顶行李箱关闭锁好,打开遮光板,拉开、锁扣好门帘,固定好松散浮动物品,确保洗手间内无人并锁闭。着陆前固定好厨房设备,包括锁定装置和制动装置,关闭厨房不必要的电气设备的电源。着陆前还应要求旅客按规定坐好,系好安全带。

当飞机下降到低于3000米(约10000英尺)时,遵守"飞行关键阶段"的原则,但如发现异常状况,要及时报告机长,适当调暗客舱灯光。除履行有关的安全职责外,客舱乘务员应坐在座位上系好安全带,在整个下降、滑行阶段应保持坐姿,监控客舱状况,向乘务长报告各区域安全准备完毕。机长发出着陆信号后,客舱乘务员应及时向旅客广播再次确认系好安全带。在最终进近阶段,客舱乘务员同样需要静默30秒复查,特别是无准备撤离程序。

> **知识拓展**
>
> 飞机起飞和下降时,旅客都要打开遮光板。这是因为客舱内外的光线强度不一样,人的眼睛对不同的光度要有一定的适应时间,打开遮光板,让旅客提前适应光线,不至于影响突发的紧急撤离。飞机遇有紧急情况时,能让机外的救援人员看清楚客舱内的状况,以便迅速、有效地实施救援。飞机紧急迫降时,客舱内的旅客能看到外面的状况,从而迅速做出判断,选择逃离路线和出口。正常情况下的起飞或着陆,旅客可以通过舷窗观察窗外有什么异常,并及时通知客舱乘务员。

八、着陆后滑行

飞机着陆后滑行时,确保旅客坐在座位并系好安全带,直到飞机停稳,系好安全带指示灯熄灭,客舱灯光打开时,方可解开安全带。特别应注意在滑行期间,禁止打开头顶行李舱,以防行李滑落。广播提示乘客不要在滑行中使用便携式电子设备,手机发出的无线电信号有可能会干扰飞机与塔台间的通信联络。

> **案例** 某航班在首都机场着陆后滑行,由于停机位距离跑道较远,飞机滑行约20分钟。在滑行中,乘客打开行李舱取衣物。由于需要等待横向滑行飞机,机组采取制动措施,此时行李舱处于打开状态,致使行李滑落砸伤下方的旅客。

九、经停/到达停机前

根据CCAR-121部第121.393条的规定，飞机中途过站停留时，如果乘坐该机的旅客仍停留在飞机上，合格证持有人应当遵守下列规定：

（a）如果保留在飞机上的客舱乘务员数量少于本规则第121.391条（a）款（即客舱乘务员人数的最低配备）要求的数量，则合格证持有人应当采取下列措施：

- 保证飞机发动机关车并且至少保持打开一个地板高度出口，供旅客下飞机。
- 保留在飞机上的客舱乘务员数量应当至少是本规则第121.391条（a）款要求数量的一半，有小数时，舍去小数，但至少为1人。
- 可以用其他人员代替要求的客舱乘务员，代替客舱乘务员的人员应当是符合第121.419条应急撤离训练要求的合格人员且应当能够为旅客所识别。

（b）如果在过站时该飞机只保留1名客舱乘务员或其他合格人员，则该客舱乘务员或其他合格人员所在的位置应当符合经中国民航局批准的该合格证持有人运行程序的规定。如果在飞机上保留1名以上客舱乘务员或其他合格人员，这些乘务员或其他合格人员应当均匀分布在飞机客舱内，以便在紧急情况下最有效地帮助旅客撤离。

如果过站时飞机需要加油且旅客在飞机上，客舱乘务员须确认旅客登机廊桥或客梯车就位；机上客舱乘务员必须均匀地分布在客舱、已停靠客梯车或登机桥的机门口，以便紧急情况下帮助旅客撤离；必须保留在飞机上的客舱乘务员数量，应当至少是该机型客舱乘务员最低安全配置数量的一半。如果在过站时该飞机上只保留一名客舱乘务员，则该客舱乘务员应站在客舱内主登机门附近，并且要有明显的标志，易于旅客识别；接通"禁止吸烟"信号牌灯，频繁广播提醒旅客不要吸烟和禁止使用手机等电子设备；指导旅客打开安全带；保证厨房电气设备已固定好；确保所有机上通向紧急出口的撤离通道畅通无阻。

如果旅客正在登机，客舱乘务员必须均匀地分布在客舱内，机门口已停靠登机梯或登机桥，以便紧急情况下帮助旅客撤离；打开"禁止吸烟"信号牌灯，频繁广播，告知旅客飞机正在加油，提醒旅客不要吸烟和禁止使用手机等电子设备；保持与飞行员的联络。加油时，管道压力很大，燃油的挥发性很强，很容易着火。使用手机时，手机的发射信号不但会影响电子导航设备的性能，而且会使电器电路产生火花，引发火灾。

飞机加油时，即使机上没有旅客，也要有专人对飞机客舱进行监护，严禁无关人员和物品上机;打开"禁止吸烟"信号牌灯;所有工作人员不得吸烟;地面人员必须确保前后登机门(机型不一样要求使用的出口可能会有差异)随时处于可用状态,便于机上人员下飞机或撤离。

十、着陆后

飞机到达停机位,完全停稳后,客舱乘务员打开客舱灯光。当廊桥或客梯车靠近飞机时,做好开门准备,听从乘务长指令,将滑梯解除预位,互相检查。确认舷梯/登机桥就位后,安排头等舱、公务舱旅客先下飞机。关闭除客舱照明以外的一切电源。未经乘务长批准,客舱乘务员不得擅自离开飞机,应按要求进行清舱检查,检查机上有无旅客滞留和物品遗留,检查完毕后报告带班乘务长。

第四节 航后讲评阶段

航后讲评阶段是安全管理系统闭环的关键步骤,对航班中反映出来的问题进行总结和点评,讲评内容一般包括:特殊及不正常事件、客舱设备故障、旅客意见反馈、客舱乘务员协作等。

> **知识拓展**
>
> 经济舱综合征是指经济舱旅客在长途飞行中突然出现头晕、恶心、心慌、胸闷、呼吸困难甚至猝死。从医学角度讲,经济舱综合征是静脉炎的一种。由于旅客在狭小的经济舱中长时间飞行,身体特别是下肢很少活动,造成小腿血栓,突然活动可能造成这种血栓通过血液循环移动,一旦血栓移动到了心脏冠状动脉或肺动脉,可能造成严重的心肌梗死或肺栓塞,从而造成猝死。为避免发生经济舱综合征,旅客乘坐长途航班时,应该经常活动,并尽量多饮水。

本章小结

本章简要介绍了客舱乘务员执行航班的四个阶段,重点阐述了飞行实施阶段客舱乘务员的安全职责和要求。通过本章的学习,使学生明确了客舱乘务员执行航班时的流程和主要的安全职责。

思考与练习

一、填空题

1. 空勤人员可以在航班前 _____ 至 _____ 小时内进行网上准备。

2. 所有 _____ 离机以后、_____ 登机前,客舱乘务员要协助安全员对整个客舱进行清舱检查。

3. 客舱乘务员应对需要帮助的旅客主动介绍机上 _____ 设备和 _____ 设备。

4. 飞机起飞前客舱乘务员必须确认所有的餐车 _____ ,厨房不必要的电气设备 _____ 。

5. 飞机推出前,客舱乘务员应确认空座位上的 _____ ,关闭舱门前须向 _____ 报告。

6. 飞行机组通过 _____ 系统或 _____ 向乘务组发出准备起飞信号。

7. 在起飞爬升阶段,客舱乘务员应认真监控 _____ 和客舱。禁止做 _____ 无关的其他工作。

8. 在最终进近阶段,客舱乘务员需要做好 _____ ,特别是 _____ 。

9. 飞机落地滑行期间,禁止旅客打开 _____ 和使用 _____ 。

10. 飞机过站停留时,客舱乘务员须打开 _____ 出口,也可以由 _____ 代替客舱乘务员。

二、判断题

1. 网上准备实施后可以不进行现场准备。（　　）

2. 客舱乘务员登机后只需检查负责区域的应急设备。（　　）

3. 清舱检查中发现任何可疑和外来物品时，不要随意触动，及时报告乘务长通知地面人员处理。（　　）

4. 客舱乘务员请示机长后可以拒绝醉酒旅客登机。（　　）

5. 无论何种情况旅客中途下机终止行程，都要进行清舱程序。（　　）

6. 飞机滑行时所有乘务员应进入客舱进行安全检查。（　　）

7. 飞机在起飞滑跑和下降期间客舱乘务员都要执行静默30秒程序。（　　）

8. 如果过站时飞机上只保留一名客舱乘务员，则该客舱乘务员应站在客舱内主登机门附近。（　　）

9. 飞机过站时应该关闭除照明外所有的客舱电源。（　　）

10. 飞机到达目的地后，经机长同意后客舱乘务员方可离机。（　　）

三、简答题

1. 舱门关闭前，客舱乘务员需要完成哪些安全检查事项？

2. 客舱乘务员怎样处理旅客上机后要求下机的情况？

3. 为什么在起飞前和下降前要求旅客要打开遮光板、调直座椅靠背和收起小桌板？

4. 静默30秒包括哪些内容？

5. 旅客登机时，飞机正在加油，客舱乘务员应遵循哪些程序？

第四章 Cabin Safety

机上通用应急设备

❖ **素质目标**

1. 培养学生安全意识和安全理念；
2. 培养学生可持续发展观；
3. 培养学生严谨科学的专业精神和团结协作的工作作风。

❖ **学习目标**

1. 掌握机上通用应急设备的识别标识；
2. 能够对卫生间烟雾探测器和自动灭火装置进行飞行前检查；
3. 掌握急救箱和应急医疗箱的区别；
4. 掌握便携式氧气瓶、水基灭火器和海伦灭火器、防护式呼吸装置（PBE）和应急定位发射器（ELT）等机上通用应急设备的飞行前检查、操作及注意事项；
5. 能够进行救生衣演示并掌握不同旅客救生衣的充气时间；
6. 掌握救生包里的物品及其功能。

第四章 机上通用应急设备

空中交通的便利,使世界各国间的距离变得越来越小。在今天,人们可以轻易地享受搭机之乐。航空运输是一种安全、快捷、舒适的运输方式,但是一旦发生空难,后果却往往很严重,要想能够最大限度地使旅客幸免于难,关键在于以下三个方面:飞行人员的应急处置能力、客舱乘务员的应急处置能力以及飞行机组、客舱乘务员和旅客之间的相互配合和协作。客舱乘务员对机上应急设备的正确使用对保证客舱安全至关重要。

虽然各航空公司机型和客舱布局不同,但机上所配备的应急设备的种类和功能基本是一样的。我们把机上通用应急设备分为急救设备、灭火设备、安全设备和紧急撤离设备。飞机上所有的应急设备存放处都有相应的标示。客舱乘务员必须熟练掌握并正确识别这些标示(图4-1)。

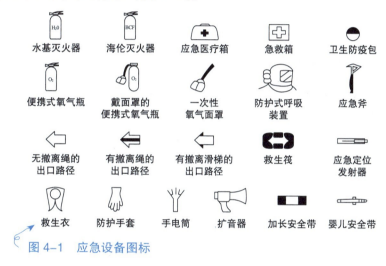

图4-1 应急设备图标

第一节 急救设备

急救设备

一、便携式氧气瓶

机上手持式氧气瓶可以在下列两种情况下使用:一是机上人员为旅客提供医疗急救,二是用于空中失压紧急情况的发生。

通常机上配备的手持式氧气瓶的容量为310/311升和120升,有高（HI）（4升/分钟）、低（LO）（2升/分钟）两个流量口（图4-2）,但有些飞机上配备的氧气瓶只有一个输出口,不分高低流量,比如型号为P/N 5600-2CIA-Z20B型氧气瓶,氧气流量为3升/分钟时可用99分钟。P/N176965-31型氧气瓶,氧气流量为4升/分钟时可用75分钟。供氧时间受到使用流量及氧气瓶的型号影响,因为不同型号的氧气瓶,流量和容积都是不一样的。客舱乘务员根据具体情况决定使用哪个流量口。

氧气瓶介绍及使用场景

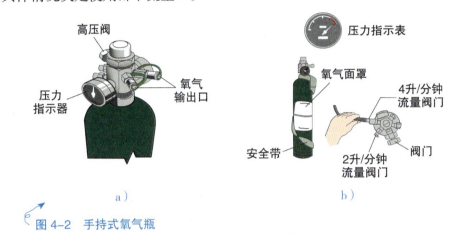

图4-2 手持式氧气瓶

1. 飞行前的安全检查

登机后客舱乘务员应检查氧气瓶,应满足:在指定区域,瓶体无破损,在有效期内,瓶上的压力指针在红色区域（满位）,氧气输出口的防尘帽堵塞在位,"ON-OFF"阀在"OFF"位,与氧气瓶配套使用的、独立包装的一次性氧气面罩与氧气瓶放在一起。

2. 使用氧气瓶的注意事项

使用手持式氧气瓶时应注意:不要摔或撞氧气瓶;避免氧气与油或脂肪接触,在操作时擦掉浓重的口红或润肤油,手上切勿沾有任何油脂;使用氧气瓶时必须固定其位置;前后四排座位（3米）以内必须禁烟,不能有火源;肺气肿患者要使用低流量;使用完毕后,请关闭阀门。同时还要注意的是,不能将氧气瓶中氧气完全放空,当压力指针指示为500磅/平方英寸时,应停止使用,以便再次充氧。使用后填写"客舱记录本"。

3. 氧气瓶操作程序

从塑料袋内取出一次性氧气面罩,选择流量出口,移去输氧管防尘帽,插入并连接至氧气瓶,请确认面罩的流通管已插入选定的氧气瓶流量输出口处;逆时针旋转(左转)"开-关"阀门到底;确认氧气流出,将面罩置于旅客口、鼻处,将松紧带戴在头上,拉紧面罩上的调节带;停止使用时,顺时针转动"开-关"阀门并拧紧,取下氧气面罩。客舱乘务员可以用挤压袋子和面罩的方法或通过检查袋子上部的绿色区域来检查氧气的流量。氧气开始流动时,氧气指示标志由白色变成绿色。

二、急救箱和应急医疗箱

急救箱和应急医疗箱

1. 急救箱和应急医疗箱的配备

机上急救箱/应急医疗箱的配备是指为机组人员和需治疗的乘客提供基本的急救药品。按照CCAR-121部的X章(应急医疗设备和训练)附件B(急救箱和应急医疗箱)等规定(表4-1),需配备急救箱/应急医疗箱的飞机,是指使用最大起飞全重超过5700千克的多发飞机实施的定期载客运输飞行和使用旅客座位数超过30座或者最大商载超过3400千克的多发飞机实施的不定期载客运输飞行的飞机。应急医疗设备包括:根据飞机载客座位数量确定的必须配备经批准的最少数量的急救箱及箱内配备的医疗用品;以及载运旅客并且配备客舱机组的飞机上至少配备经批准的一只应急医疗箱及箱内配备的医疗用品和物品。合格证持有人应指定医疗专业技术机构和人员负责机上应急医疗设备配备。

使用机上急救箱/应急医疗箱通常需要经机长批准。各航空公司对此都有严格的操作程序规定,任何人不得随便取用。另外,急救药箱内还配有"飞行中医疗事件处理记录单",用来记录整个治疗过程及用药情况。客舱乘务员有义务认真填写,并将其带回公司存档。

2. 飞行前的检查

急救箱/应急医疗箱应存放在飞机的指定位置,铅封完好,且应急医疗箱已上锁,如铅封已断开或封条已被撕开,客舱乘务员应检查药箱内的药品、器械有无缺损,并填写"药箱使用反馈信息卡"。急救药箱的锁必须在旅客登机前打开。如药箱已使用过,航班结束后锁上药箱,扣好药箱固定锁扣,及时将"药箱使用反馈信息卡"上交资料室信箱内或药箱管理部门,以保证药箱管理部门在下一个航班开始之前完成药品、器械的补充。如没用过药箱,落地后锁上锁头,固定锁扣。

3. 急救箱的使用

急救箱适用于机上人员出现外伤或需取用其中用品时。使用前一定要详细询问病人的病史、过敏史等。经过急救训练的客舱乘务员、在场的医务人员或经过专门训练的其他人员均可打开并使用急救箱里的物品,但非本航班的客舱乘务员应在开箱时出示相关的证书/证件。急救箱使用后,客舱乘务员要做好相应记录,乘务长或机长应在记录单上签字。

4. 应急医疗箱的使用

如果机上出现急重伤病旅客需要使用应急医疗箱里的物品,客舱乘务员要通过广播寻找医务人员以获得帮助。当医务人员要求打开并使用应急医疗箱里面的物品时,客舱乘务员要确认并记录该人为医务人员身份。使用后,在记录单上的相应位置请机长、使用医生和客舱乘务员本人签名。此外,须将使用过的注射器放入急救药箱中以便妥善销毁。

> **案例**
>
> 2018年4月13日,某航空执飞从海口经停南京飞往哈尔滨的航班上,飞机起飞约20分钟后,刚进入平飞阶段,乘务长发现坐在第二排、84岁高龄的旅客呼吸困难、脸色苍白、陷入昏迷状态。情况危急,乘务长根据日常培训的机上安全常识,解开老人身上的安全带,打开飞机上的通风孔。乘务长安排客舱乘务员立即报告机长,并进行广播寻找医护人员,同时取来了氧气瓶,为老人输氧。这时,不少旅客围了上来,客舱乘务员先将旅客疏散,使空气流通,让老人保持平躺的状态。坐在第四排的旅客恰好是一名专业护士,听到广播也赶来帮忙,和客舱乘务员一起帮助老人家服下旅客自带的硝酸甘油片并进行吸氧救护,吸氧约15分钟,旅客逐渐有了意识,面色恢复正常,脉搏也趋于稳定,慢慢可以正常交流。

附:CCAR-121部X章附件B对急救箱和应急医疗箱的相关规定

1. 急救箱

本《规则》X章所规定的机载急救箱应当满足以下条件和要求:

(1)每架飞机在载客飞行中所配急救箱的数量不得少于表4-1的规定。

载客飞行的飞机急救箱配备的数量　　　　　表 4-1

旅客座位数（个）	急救箱数量（只）
100 以下（含 100）	1
101~200	2
201~300	3
301~400	4
401~500	5
500 以上	6

（2）每只急救箱应当能防尘、防潮。

（3）每只急救箱内至少配备以下医疗用品（表 4-2）。

急救箱内配备的物品　　　　　表 4-2

项目	数量
绷带，3 列（5 厘米）、5 列（3 厘米）	各 5 卷
敷料（纱布），10 厘米×10 厘米	10 块
三角巾（带安全别针）	5 条
胶布，1 厘米、2 厘米（宽度）	各 1 卷
动脉止血带	1 条
外用烧伤药膏	3 支
手臂夹板	1 副
腿部夹板	1 副
医用剪刀	1 把
医用橡胶手套	2 副
皮肤消毒剂及消毒棉	适量
单向活瓣嘴对嘴复苏面罩	1 个
急救箱手册（含物品清单）	1 本
事件记录本或机上应急事件报告单	1 本（若干页）

2. 应急医疗箱

（1）每架飞机在载客飞行时应当至少配备一只应急医疗箱。

（2）应急医疗箱应当能够防尘、防潮，其存放位置应当避免高温或低温环境。

（3）每只应急医疗箱内应当至少配备以下药品和物品（表 4-3）。

应急医疗箱内配备的药品和物品　　　　　表 4-3

项目	数量
血压计	1 个
听诊器	1 副
口咽气道（三种规格）	各 1 个
静脉止血带	1 根

续上表

项目	数量
脐带夹	1个
医用口罩	2个
医用橡胶手套	2副
皮肤消毒剂;适量消毒棉签（球）	适量
体温计（非水银式）	1支
注射器（2毫升、5毫升）	各2支
0.9%氯化钠	至少250毫升
1：1000肾上腺素单次用量安瓿	2支
盐酸苯海拉明注射液	2支
硝酸甘油片	10片
醋酸基水杨酸（阿司匹林）口服片	30片
应急医疗箱手册（含药品和物品清单）	1本
事件记录本或机上应急事件报告单	1本（若干页）

第二节 火警和灭火设备

微课程视频

火警和灭火设备

飞机飞行在万米高空时，客舱内发生的最危险的事故莫过于火灾了。即使火灾本身没有伤及旅客或使飞机受到大的伤害而影响安全，燃烧所带来的烟雾，也可能会使机上人员因窒息而死亡。因此，了解机上的烟雾报警系统及各种灭火设备的使用方法，可以有效地将火灾隐患消灭在最初阶段。

一、烟雾探测器及自动灭火装置

1. 烟雾探测器

卫生间是机上较容易发生火灾的地方。CCAR-121部第121.308条厕所防火规定：

（a）除经中国民航局批准外，按照本规则运行的载客飞机应当在每个厕所装备烟雾探测系统或者等效装置,并能在驾驶舱提供警告灯光,或者在客舱中提供易于客舱机组发现的警告灯光或者音响警告。

(b)除经中国民航局批准外,按照本规则运行的载客飞机应当在每个厕所每个处置纸制品或者废物的容器内装备内置式固定灭火器。该固定灭火器应当设计成当容器内失火时,能自动向容器内喷射灭火剂。

卫生间烟雾报警系统能及早发现突发火情并自动发出警告,它包括烟雾探测器和信号显示系统(图4-3)。烟雾探测器多安装在卫生间内的天花板上,绿色指示灯亮表示烟雾探测器正常工作。当卫生间内的烟达到一定浓度时,烟雾探测器上的红色指示灯闪亮,警告喇叭发出刺耳的叫声,同时卫生间门上方的琥珀色灯闪亮,区域呼叫面板琥珀色灯闪亮;在某些飞机的客舱乘务员指示面板上,还会显示警告发出的位置。

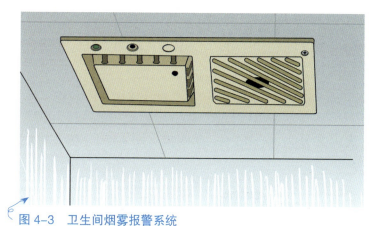

图4-3 卫生间烟雾报警系统

卫生间烟雾探测器的种类很多,工作原理相同,但警告方式及解除警告的方式会因机型的不同而不同。飞行前要注意检查烟雾探测器上的灯光指示正常且声音正常。

2. 自动灭火装置

每个洗手池下面都有一个自动灭火装置,包括一个海伦灭火器和两个指向垃圾箱的喷嘴,用于熄灭厕所垃圾箱或洗手池下电路失火(图4-4)。通常情况下温度指示牌为灰白色,两个喷嘴用密封剂封死。当环境温度达到79摄氏度时,温度指示牌由灰白色变成黑色,喷嘴的密封剂(热熔帽)自动熔化,灭火器开始喷射。灭火剂释放完后,喷嘴尖端的颜色变成铝色。

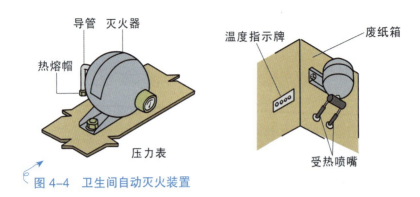

图 4-4　卫生间自动灭火装置

飞行前对卫生间自动灭火系统的检查主要包括：灭火器是否在位；热熔帽为白色（如果热熔帽是黄色则为不正常，必须通知地面维护人员进行处理）；压力表指针务必在绿色区域；灭火器旁的温度指示牌 4 个小圆点为灰白色（任何一个圆点变成黑色均表示灭火器已被使用或失效）；灭火器的喷嘴为黑色（铝色为已使用或失效）。

二、灭火器

（一）火灾分类

一般来说，火灾常分为 A、B、C、D 四类（图 4-5）。在飞机上最常遇到的火灾是 A 类和 C 类。

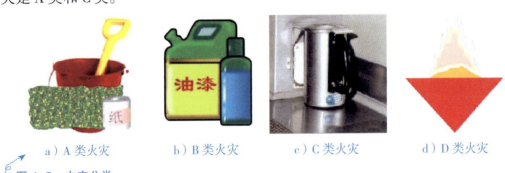

a) A 类火灾　　b) B 类火灾　　c) C 类火灾　　d) D 类火灾

图 4-5　火灾分类

A 类火灾物质：可燃烧物质，包括衣服、纸张、行李、木头等易燃物。其燃烧时产生的烟雾通常是灰色或褐色。

B 类火灾物质：可燃性液体，指飞机的液压油、滑油、燃油。其燃烧时会产生黑色烟雾并具有类似润滑油/汽油的气味。

C 类火灾物质：电气设备类，包括烤炉、客舱灯具（整流器）。其燃烧时产生的烟雾通常是淡灰色,或带着一点微蓝的白色。烟雾非常细,可迅速散开。具有显著的酸性气味。

D类火灾物质:可燃烧金属类,包括钠、镁、锂、钾等易燃金属。

(二)机上灭火器的配备

CCAR-121部第121.309条(c)款对灭火器的位置及型号有明确规定。驾驶舱、客舱、货舱、厨房内,应当按照下列规定,装备经批准型号的手提灭火器。

(1)灭火剂的型号和装量应当适用于该舱室可能发生的失火类型,并且对于客舱,应当设计成使有毒气体聚积的危险性减到最小。

(2)货舱。对于飞行中机组成员能够进入的E类货舱,应当配备至少一个手提灭火器,并放置于方便取用的地方。

(3)厨房隔舱。对于位于客舱、货舱或者驾驶舱之外隔舱内的厨房,应当在每个厨房内至少装备一个便于取用的手提灭火器。

(4)驾驶舱。驾驶舱内应当至少装备一个便于飞行机组使用的手提灭火器。

(5)客舱。在客舱使用的手提灭火器应当放置于方便的位置上。在要求配备两个或者两个以上手提灭火器时,这些设备应当均匀地分布于每个客舱内。应当按照下列要求配备手提灭火器:

①对于旅客座位数为7~30个的飞机,至少配备1个;
②对于旅客座位数为31~60个的飞机,至少配备2个;
③对于旅客座位数在60个以上的飞机,应当按表4-4配备手提灭火器。

飞机上手提灭火器的配备数量　　　　　表4-4

旅客座位数(个)	手提灭火器的最小数量(个)
61~200	3
201~300	4
301~400	5
401~500	6
501~600	7
601或以上	8

(6)尽管本条(c)款第(5)项要求手提灭火器均匀分布,但是如果在客舱中有厨房,应当至少有1个手提灭火器位于方便之处并易于在厨房中取用。

(7)载运旅客飞机所要求配备的手提灭火器中至少有2个应当装海伦1211(溴氯二氟甲烷)或者等效的灭火剂,客舱中应当至少有1个这样的灭火器。

(三)灭火器种类

1. 水基灭火器

水基灭火器(图4-6)适用于A类火灾和锂电池失火的处理,不能用于带电设备或油脂性物品灭火。飞行前检查确认水基灭火器瓶体无破损并且固定在指定位置,铅封完好,二氧化碳钢瓶可见。

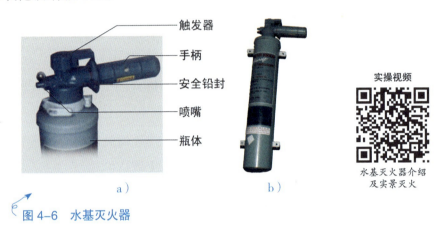

图4-6 水基灭火器

水基灭火器使用时,顺时针最大限度旋转手柄(使二氧化碳气瓶充气);保持瓶体直立;按下喷射开关,对准火焰底端喷射。一次按压可持续喷射20~25秒,最长喷射时间能达到约40秒;有效工作范围为2~3米。此类灭火剂中因加有防冰化合物,对人体有害,不能饮用。水基灭火器使用后可重新充液,旋开顶盖(移去二氧化碳气瓶),重新装水,复位顶盖,旋开手柄,更换二氧化碳气瓶,重新安装手柄,灭火器即可再次使用。使用后填写"客舱记录本"。

2. 海伦灭火器

海伦灭火器(图4-7)用于熄灭各种类型的火灾,但效果最好的是用于扑灭可燃性液体及电器类失火。经批准用于航空器的海伦灭火剂包括海伦1211型灭火剂、海伦1301型灭火剂以及两者的混合物(海伦1211/1301)。

飞行前要检查海伦灭火器是否破损并且是否在指定位置固定好。红色塑料指示牌或铅封要完好,压力表要指示在绿色区域(压力指示器可显示范围为可用、低压、超压),安全销要在穿过手柄和触发器的适当位置,灭火器要在有效期内。

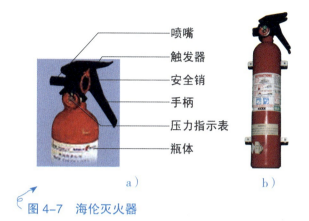

图 4-7 海伦灭火器

使用海伦灭火器时,拉出安全销/保险销;握紧手柄,拇指置于释放手柄处,保持瓶体直立;相距火源 1.5~2 米,按压释放手柄,喷口直接对准火源底部左右水平扫射,一次按压可喷射时间为 9~12 秒,最长持续喷射时间为 15 秒。需要注意的是,海伦灭火剂有微毒,除非是在开放空间,否则不能直接喷洒在人体上。如驾驶舱里须使用海伦灭火器,所有机组人员必须使用氧气面罩并立即选用 100% 供氧位。使用后填写"客舱记录本"。

三、防护式呼吸装置(PBE)

防护式呼吸装置在客舱失火或充满烟雾时使用(图 4-8)。它可以保护灭火者不受烟雾、毒气的伤害,防止烟雾和有毒气体吸入体内,另外也可提高对客舱的能见度。它的表面由防火材料制成,内部可充氧,以保证人体正常呼吸。飞行前要确认防护式呼吸装置固定在指定位置,包装盒未被打开,外包装铅封完好,在有效期内。

图 4-8 防护式呼吸装置

防护式呼吸装置的种类有很多,即使是同样的机型,也可能配置不同型号的防护式呼吸装置。下面介绍两种比较典型的防护式呼吸装置的操作方法。

实操视频

后充氧型防护式呼吸装置介绍及使用

1. 后充氧型

后充氧型 PBE 穿戴步骤如图 4-9 所示。

步骤 1
拉塑料盖上的红色把手,去除塑料盖。

步骤 2
确定内包装上的红色标签并用力撕掉,打开真空包装,取出 PBE。

步骤 3
双手放入橡胶护颈,用力向两边撑开,观察窗应向地面方向。

步骤 4
头向前倾,将 PBE 的护颈经头顶套入,用双手保护两侧脸颊及眼镜,使之完全遮挡脸部。

步骤 5
双手向前、向外用力拉动调节带,并使装置启动。

步骤 6
双手抓住带子头,用力向后拉带子,确保里面的面罩罩在口鼻处,且面颊被覆盖。

步骤 7
如需调整眼镜,可隔着外罩进行,不要将手伸入罩内调节。

步骤 8
确定衣领没有被夹在护颈内,头发完全在护颈内,放下 PBE 的后颈盖布使它盖住衣领,并处于肩上。

图 4-9　后充氧型 PBE 穿戴步骤

2. 先充氧型

先充氧型 PBE 穿戴步骤如图 4-10 所示。

步骤 1

提起储藏箱上的门扣,封条会随之撕开包的把手,把设备包取出。

步骤 2

用两膝夹住设备包的底端,用力拉开内设备包,抓住箱的把手,把防护式呼吸装置从袋子中取出。

步骤 3

确保防护式呼吸装置上的琥珀色可视窗向下。两手分别抓住两个氧气钢瓶,大拇指朝细的一头,立即把两个氧气瓶分开,这个动作将启动氧气产生器,供氧指示器上的绿色灯亮。

步骤 4

双手合十撑开密封颈套,将防护式呼吸装置从头上套下,确认可视窗在面部,头发、衣颈不得夹在密封颈套中间。若供氧指示器上的灯变成红色,表示供氧结束。

图 4-10 先充氧型 PBE 穿戴步骤

使用防护式呼吸装置时,并不会影响正常使用内话或面对面交谈。需要注意的是,应在远离火源区域戴好防护式呼吸装置。拉动氧气启动装置后,氧气开始流动,供氧时间为 15 分钟。如果充氧不成功,可用力重复一次,若再不成功,请放弃此面罩,且必须远离火源。在使用过程中,面罩瘪下是供氧结束的重要标志,请立即远离火源,取下面罩。取下面罩后,因头发内残留有氧气,不要靠近有明火或火焰的地方,并充分抖散头发,以便让残留氧气尽快散发。

实操视频

先充氧型防护式呼吸装置介绍及使用

四、石棉手套

石棉手套有防火隔热作用,放置于驾驶舱,用于驾驶舱失火时,保证飞行员能够操作飞机。

五、护目镜

护目镜也叫防烟眼镜（Smoke Goggles），位于驾驶舱里，用于在驾驶舱充满烟雾时，保护飞行机组人员的眼睛不受伤害，保证飞行员继续飞行。使用时眼镜边缘紧贴脸部，用橡胶带套在脑后和氧气面罩一起扣在脸上即可。

第三节 安全设备

安全带是安装在座椅上的一套安全设备。它包括供正常旅客使用的成年人安全带、适用于2岁以下旅客的婴儿安全带（图4-11）、加长安全带（图4-11）、由腰部安全带和肩部安全带组成的机组用安全带（图4-12）。加长安全带标准是为安全带长度不够用的旅客提供的。

图4-11 婴儿安全带、加长安全带

图4-12 机组用安全带

起飞前应确认机组安全带收缩正常，型号正确；婴儿安全带、加长安全带在位，锁扣与客舱安全带匹配，数量准确；空座椅上的安全带全部扣好。

CCAR-121部第121.311条明确了婴幼儿旅客机上座椅、安全带和肩带装置的配备和使用。

（a）载客飞机应当装备下列装置：

- 可以供机上每一个 2 周岁以上人员使用的经批准的座椅或者卧铺；
- 可以供机上每一个 2 周岁以上的人员单独使用的经批准的安全带，但在航路飞行期间，占用一个卧铺的两个人和占用一个多座座椅或者长座椅的两个人可以共用一条经批准的安全带。

（b）在飞机于地面移动、起飞和着陆期间，按照本规则运行的飞机上的每一个人员均应当在经批准的座椅或者卧铺上就座，并用单独的安全带适当扣紧。座椅上为该乘员配备的安全带不得被 2 周岁以上的人员共用。

在飞机滑行、起飞、颠簸、着陆等过程中以及"系好安全带"指示灯亮时，所有人员都必须系好安全带。飞行中可能会出现很多突发的事情，如飞机滑跑时紧急制动、中断起飞、强烈颠簸、飞机复飞、紧急迫降等，可能会造成飞机速度的突然变化、机体的剧烈晃动、高度的快速下降或猛烈的冲撞等，由于事情发生很突然，如果旅客没有系上安全带或者系法不正确，那么旅客受伤的概率很大。

> **案例** 2017 年 6 月 4 日早上 10 时许，荷兰皇家航空一班编号 KL887、由阿姆斯特丹飞往香港的客机，在飞行期间遇到气流。客机于 10 时 16 分安全降落，机上 10 人受伤，包括 2 名机组人员，已送往医院治理，机场运作没有受到影响。乘客表示，客机突然急坠三四秒，好像玩"跳楼机"一样，坐在她旁边的男乘客没有佩戴安全带，顿时撞上飞机天花板。

第四节 紧急撤离设备

当飞机非正常着陆时，很可能使机体受损，进而有可能带来失火、爆炸或更为严重的状况。因而，对机上应急撤离设备的熟练运用可使机组成员在飞机紧急着陆后，尽快地指挥旅客从飞机安全撤离出来。

一、应急定位发射器

1. 概述

应急定位发射器（ELT）是在飞机遇险后向外界发出求生信号时使用。其具有水（海水和淡水）和人工的双重触发功能，可以在零下20摄氏度的温度下工作。ELT在海水中5秒后开始工作；在淡水中5分钟后开始工作。ELT在咸水中比在淡水中工作时间长；在冷水中比在热水中工作时间长。ELT一旦开始工作，可持续发射48小时以上，作用范围大约350千米。起飞前应检查其是否在位。

应急定位发射器介绍及使用

全球卫星搜救系统在2009年2月1日后中止航空ELT的121.5(民用)/243(军用)兆赫兹频率业务。《一般运行市飞行规则》（CCAR-91-R2）明确规定，从2010年1月1日后，航空器装备的ELT必须能同时具备121.5兆赫兹和406兆赫兹（卫星应急无线电示位标地对空方向专用）发射频率。

2. 类型

根据安装和工作模式，舱空型ELT一般分为AF型（Automatic Fixed：永久固定在飞机上）、AP型（Automatic Portable：固定在飞机上，飞机坠毁后容易取下）、AD型（Automatically Deployable：固定在飞机上，飞机坠毁后能自动展开，如有必要可人工打开）和S型（Survival：可从飞机卸下，紧急情况下使用，人工打开）。S型只适用于人员安全的情况，紧急情况发生时由人工启动ELT。目前航空公司机上配备的ELT主要为RESCU 406型、ADT 406S型和RESCU 406 SE型。

（1）RESCU 406型ELT

RESCU 406型ELT如图4-13所示。

水上求生时，取下ELT的套子，将ELT上的尼龙绳末端系在救生船上，将ELT投入水中，绳索自动松开，天线可自动伸直。使用时注意ELT与船体保持尽可能大的距离。如需中止发射，请将ELT从水中取出，平放在船上即可。

陆地求生时，将ELT放到最高处，尽可能使周围无障碍物，注意不要横放或倒放。松开尼龙绳，拔出天线。将ELT放入盛满水（或一半）的塑料袋中，不停晃动。如果条件允许，要经常更换塑料袋内的水。注意不可使用带颗粒状物体的液体或油类及酸性、腐蚀性液体。停止使用时将发射器从水中取出，收回天线，平放在地上即可。

第四章　机上通用应急设备

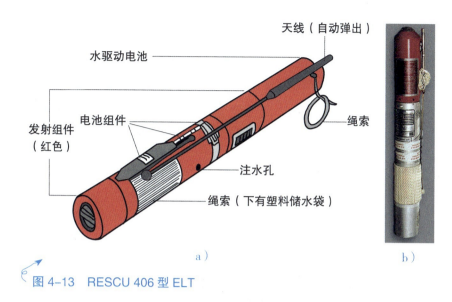

图 4-13　RESCU 406 型 ELT

（2）ADT 406S 型 ELT

ADT 406S 型 ELT 具有水和人工双重触发功能，通过卫星接收求救信号，达到全球定位的作用（图 4-14）。

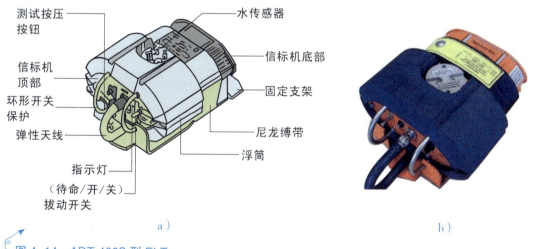

图 4-14　ADT 406S 型 ELT

遇水触发：当飞机紧急迫降后，松开尼龙缚带。将 ELT 从支架上取下，伸直天线。确认 ELT 开关在 ARMED（待命）位，看到指示灯亮起并听到触发的声音后，再将 ELT 投入水中即可。

人工触发（水触发失效或找不到水源的情况下）：当飞机紧急迫降后，松开尼龙缚带；将 ELT 从支架上取下，将开关放置在 ON 位；ELT 自动开始测试，指示灯闪亮后熄灭并听到触发的声音,即表明 ELT 已经触发。ADT 406S 型 ELT 的使用时间在 48 小时以上,因其是卫星接收,使用范围为全球。

ADT 406S 型 ELT 任何一种形式的触发,都应确保天线展开并处于垂直状态,ADT 406S 型 ELT 处于空旷区域,远离任何金属片。

(3) RESCU 406 SE 型 ELT

它是 RESCU 406 的升级型,外形类似于 RESCU 406 型,但是已经不再需要塑料储水袋。RESCU 406 SE 型 ELT 的底部一共设置了 4 个挡位,分别为 ARM(待命位)、OFF(关闭位)、XMT(发射位)和 TEST(测试位),如图 4-15 所示。

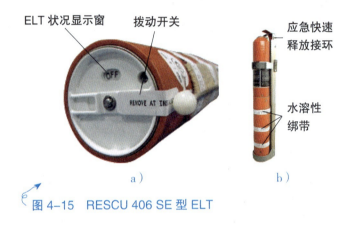

图 4-15 RESCU 406 SE 型 ELT

在水上使用时,将开关放置在 ARM 位,然后投入水中,2 分钟后绑带溶化,装有弹簧的天线会自动伸直,发送求救信号。释放拉环,将 ELT 与船体保持尽可能大的距离。关闭时,要将 ELT 从水中捞出,将拨动开关放置在 OFF 位,恢复发射时,要将拨动开关重新放置在 ARM 位,并放入水中。

陆地上使用时,要尽可能放在无障碍物的高处,解开水溶性绑带,将 ELT 底部的开关放在 XMT 位,关闭时,放置在 OFF 位,恢复发射时也同样要调回到 XMT 位。

RESCU 406 SE 型 ELT 的工作时间在 48 小时以上,零下 20 摄氏度时,使用时间可以持续 60 小时。

RESCU 406 SE 型 ELT 的 TEST(测试挡)是用来检测 ELT 的有效性的,但是未经相关部门的允许,不可以擅自操作。

三种 ELT 传递信号的最佳情况是使其悬浮于水中;每次只能使用一个 ELT。

二、救生衣

救生衣在水上撤离时使用。机组救生衣为红色，旅客救生衣为黄色。救生衣存放在各自座椅下的口袋里或扶手内。起飞前应检查救生衣（包括婴儿救生衣和备用救生衣）是否在位、数量准确、型号正确。

水上撤离时，旅客需要穿上救生衣。先把救生衣从头上套下，将带子从后向前扣好并系紧。穿好救生衣后，红色充气阀门应在身前，拉下救生衣上的充气阀门，救生衣可立即自动充气。如果救生衣漏气或不能自动充气，可用人工充气管充气。救生衣上设有水触式救生定位指示灯，用于在夜间确定落水旅客的方位。需要使用时，拔掉救生衣中底部电池块的销子，使海水浸入其两个小孔内，电池即开始工作（该电池只有泡在水中才能为指示灯提供电源），定位灯将在几秒内亮起并可持续亮8~10小时。

水上迫降前，客舱乘务员做救生衣演示时，一定要强调旅客离开舱门时才能使救生衣充气，不能自理或上肢有残疾的旅客以及婴幼儿穿好救生衣后要立即充气。

成人救生衣的穿戴方法如图4-16所示。

图4-16 救生衣穿戴方法

婴儿抱离座位时救生衣应充气，儿童离开座位后充一半气（拉一个充气手柄），把成人和婴儿的救生衣系在一起（图4-17）。救生衣应穿在所有衣服最外面。

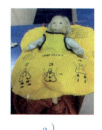  

a)　　　　　　b)　　　　　　c)

图4-17 婴儿救生衣

三、应急照明系统

1. 应急手电筒

应急手电筒是在紧急情况下供机组人员指挥、搜索、发布求救信号时用（图4-18）。通常有两种类型：一种可直接从支架上取下，灯即亮，通常可持续使用4.2小时以上。使用过程中无法关闭，除非断路开关嵌入支架，使之复位，否则，电池将被耗光。另一种是使用干电池的手电筒，必须按下按钮，灯才会亮，用完后关掉电源，放回支架。飞行前检查时要确认：应急手电筒在指定位置并已固定好；玻璃罩清洁，光亮正常；电源显示红色灯3~5秒闪亮一次，如果闪亮时间间隔过长，应急手电筒可能没电，应通知地面维修人员及时更换电池。

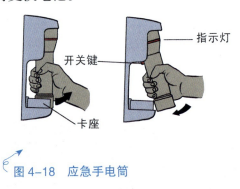

图4-18　应急手电筒

2. 应急灯

应急灯用于在紧急情况下为旅客和机组提供目视帮助。应急灯包括所有的出口灯、出口标示灯、地板撤离指示灯、出口附近地板上端的门槛灯等。把应急灯开关放在"NORMAL"位置，或打开带有保护盖的按压式的应急灯开关，检查是否所有的应急灯都亮。现在新引进的飞机的地板撤离指示灯多为两条荧光带，若地板撤离指示灯有连续三个不亮，则视为不适航。

四、内话/手持话筒

客舱内话系统用于驾驶舱人员与客舱乘务员之间的内话通信（图4-19）。驾驶舱、客舱乘务员及预录广播通过乘客广播系统进行广播，客舱乘务员可用客舱内话话筒进行乘客广播。因此起飞前对内话/手持话筒的检查非常重要。首先要确认内话/手持话筒是否在位,然后通过前后舱、客舱与驾驶舱的简单通话来检查手持话筒是否能正常工作,通话声音质量是否较好。如果驾驶舱/客舱内话机出现故障,乘务长必须马上通知机长制订另一种通信的途径,如使用旅客广播系统(PA)联络,建立驾驶舱/客舱的特定联络方案。如果PA系统失灵,乘务长必须通知机长制订与乘客联络的方案,并考虑旅客的座位安排和操作的需要,采取对旅客个别简介、将旅客分组、使用扩音器等方案。

图 4-19 内话系统

五、扩音器

扩音器用于在紧急情况下发布指令和指挥旅客(图 4-20),可以在客舱内、外使用。起飞前要确认扩音器在位、声音正常、固定良好。CCAR-121 部第 121.309 条(f)款规定,每架载运旅客飞机应当配有电池供电的便携式扩音器,放在负责指挥应急撤离的机组成员方便取用的地方。

图 4-20 扩音器

扩音器配备数量和位置按照以下规定:

(1)在旅客座位数为 61~99(含)个的飞机上配备一个扩音器,安放在客舱后部从客舱乘务员座位易于取用处。但是,如果中国民航局认为安放在其他位置可能对应急情况下人员的撤离更为适合,可以批准偏离该款的要求。

(2)在旅客座位数大于 99 个的飞机客舱内配备两个扩音器,一个安放在前部,另一个安放在后部,并且易于从客舱乘务员座位处取用。

六、旅客坐垫与机组头靠

机上旅客坐垫和机组成员专用座椅的头靠都可在紧急情况下作漂浮物使用(图 4-21)。此类座椅或头靠背后都附带有两根环形带子。将带子展开,双臂从带子中伸出,把垫子压在胸前,紧抵下颌,双手相扣或抓住两侧的带子,即可安全地漂浮在水上。

图 4-21　旅客坐垫与机组头靠的使用

七、应急斧

应急斧在紧急情况时可供机组人员用来劈凿门窗、舱壁等(图 4-22)。其手柄足以耐 2400V 电压。CCAR-121 部第 121.309 条(e)款规定,每架飞机应当配备至少一把应急斧。

图 4-22　应急斧

八、应急滑梯和滑梯/救生筏

机上附带的应急滑梯分为滑梯和滑梯/救生筏两种(图 4-23)。滑梯仅用于陆地迫降,水上迫降时,由于它的不平稳性,不可将其作救生筏用,只可拆卸下来作为浮板。滑梯/救生筏在陆地迫降时作为撤离滑梯使用,水上迫降时作为救生筏使用,使用方法和救生筏基本一致。

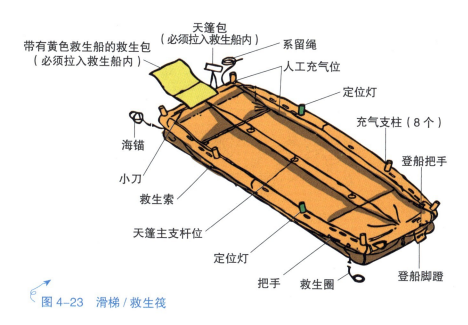

图 4-23 滑梯/救生筏

应急滑梯在预位状况下,通常都可自动充气;自动充气失效时,可拉动滑梯上靠近地板一边的红色人工充气手柄。如果滑梯仍然充气不足或不能充气时,且其他出口可以使用,可放弃使用;如果必须要使用该出口撤离旅客,可把滑梯展开,作为软梯使用。在人工充气手柄旁,有一块盖布,掀开盖布,可见白色断开手柄。拉开白色断开手柄,可使滑梯与机体分开,但仍有一系留绳连接在飞机上,割断系留绳,即可使滑梯与机体完全脱离。

每个滑梯/救生筏的系留绳旁安装有一把钩形小刀,可用来割断系留绳,以便将船与飞机脱离开;滑梯/救生筏上还有一个带有橡皮环的连接绳,用来营救落水旅客或将救生筏与救生筏连接起来;海锚是一个小的伞状尼龙织物,系在滑梯/救生筏的外侧边缘,在某些滑梯/救生筏上,它是自动抛放的,而在另一些滑梯/救生筏上则必须把它从袋中取出然后人工抛出,抛锚时应在救生筏逆风的一侧,以减少救生筏在水上的漂荡,打转;定位灯与救生衣上的指示灯一样是利用水驱动电池工作的,它位于登船位附近,以方便旅客从水中登上救生筏,同时也可帮助营救人员在狂风暴雨中识别救生筏。

九、救生船

机载救生船用于水上迫降时撤离旅客(图 4-24)。通常为圆形或椭圆形,折叠后装入带有搬运手柄的包装袋中。储藏于客舱顶板某固定位置或旅客行李架上。

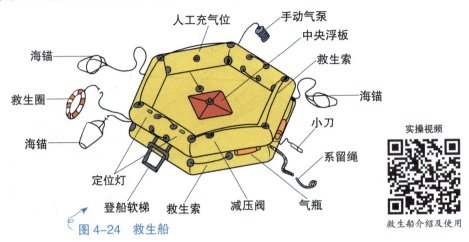

图 4-24　救生船

水上迫降需要使用时，取下救生船，找到包装袋上一块颜色明显的盖布，盖布下面安装有断开手柄、人工充气手柄、缠绕好的系留绳。首先拉出系留绳，将其牢固地绑在机上某固定装置上，如座椅下方的防滑杆，注意此时并不需要解开包装袋上的绳扣。然后拉动人工充气手柄，同时将滑梯用力抛出机外。待充气完成后，向回拉系留绳，使救生船紧靠飞机出口，以便旅客能够直接上筏。救生船两面结构一样，因此无论哪一面朝上都不影响使用。

十、救生包

由于机型不同，救生包的位置也有差异。有的机型每个滑梯/救生筏上都附带有一个救生包和一个天篷包（图4-25），且都有指示，滑梯/救生筏充气放出后能很清楚地看到指示；有的机型需要在水上撤离时将救生包系在滑梯/救生筏上。救生包由一根绳子连接着漂浮在水中，撤离时必须将其拉入船上。

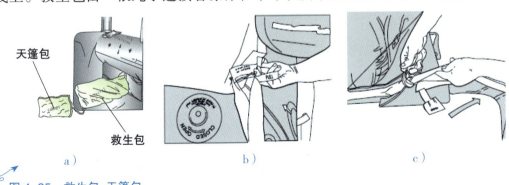

图 4-25　救生包、天篷包

第四章 机上通用应急设备

救生包内的物品（表 4-5~ 表 4-9）对于陆地和水上求生都很有帮助。救生包附带一本救生筏手册/求生手册，它包括救生船及其设备维护说明和详细的求生说明；不使用时，必须将设备储藏好并固定在船上，以防丢失。

救生包内的物品　包1　　表 4-5

名称		用途
中文	英文	
脱水海棉	Dehydrated Sponge	吸干救生筏或救生船内的积水
舀水桶	Bailing Bucket	用于装淡水和清除船内的水
哨子	Whistle	发出求救信号和指挥旅客
救生筏修补工具	Raft Repair Kit	修理救生筏的破损面
海水着色剂	Sea Dye Marker	可将救生筏周围300米左右的海面染成带有荧光的黄绿色而发出求救信号
信号镜/反光镜	Signaling Mirror	对过往的飞机或船只反射太阳光和月光，以发出求救信号
救生手册	Survival Manual	救护指南
饮用水	Canteen Pkg Water	可饮用的淡水
多用刀	Knife Pkg	切断系留绳，使救生筏与飞机脱离
急救装置	First Aid Equipment	救护受伤旅客

救生包内的物品　包2　　表 4-6

名称		用途
中文	英文	
烧伤/烫伤药膏	Ointment Burn	用于烧伤、擦伤、灼伤
消毒剂	Swales Antiseptic	对受伤皮肤进行消毒
水净化药片	Water Purification Tablets	对收集到的淡水进行净化
清醒剂	Ammonia Inhalants	唤醒昏迷的旅客
晕船药	Sea Sickness Tablets	用于晕船时使用，使用说明见瓶体，每瓶100片
信号弹	Night & Day Flares	用于向外界发射求救信号

救生包内的物品　包3　　表 4-7

名称		用途
中文	英文	
手动充气泵	Hand Pump	用于给救生筏充气

救生包内的物品　包4　　表 4-8

名称		用途
中文	英文	
天篷支柱	Canopy Mast	支撑天篷

救生包内的物品　包5　　表 4-9

名称		用途
中文	英文	
天篷	Canopy	水上迫降时，遮风挡雨，防寒避晒，收集淡水，可作求救信号

1. 天篷和天篷支柱

天篷是救生筏/救生船上必不可少的基本设施（图4-26），可用来遮阳、挡雨、防风、保暖甚至利用其明亮、具有反射性的特点用作信号装置，必要时也可用来收集雨水供饮用。撑起天篷时必须从逆风一侧开始撑，以便在大风天气能够控制天篷。同时要注意将救生船定位灯露出天篷。

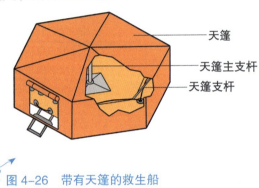

图4-26 带有天篷的救生船

2. 人工充气泵

人工充气泵可用来给救生筏气囊充气不足时人工充气（图4-27）。救生筏气囊的阀门通常分为插入式或拧入式。如果是拧入式的，在充气前阀门必须转到打开位置，人工充气泵在拆下气泵时阀门应在关闭位置。必要时可在卸下气泵后，用手动方式拧紧阀门。

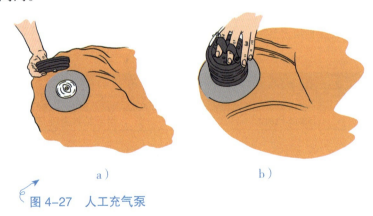

图4-27 人工充气泵

3. 信号筒

信号筒约有20厘米长，呈单筒状（图4-28）。打开盖子，拉出信号筒中环形导火线即可引燃信号筒。信号筒可双端发射求救信号。白天发射的一端盖面上摸起来是平滑的,筒内可喷射出明亮的橘红色/红色烟雾,在晴朗、无风的天气,烟雾在 12 千米外可见,并可持续 20 秒。夜晚发射的一端盖面上有 3 个突出的圆点,用手触摸可明确分辨。因此,即使是在无光的夜晚,也可轻易确定哪一端可用。信号筒夜晚端可喷射出闪亮的红色光柱,在晴空的夜晚,光柱在 5 千米外可见,亮光持续大约 20 秒。

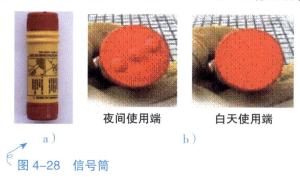

a)　　　　　　　　　　b)

图 4-28　信号筒

水上迫降时,在船的风下侧握住信号筒伸出船外(水面上方),以防止热的燃屑烧坏救生船并防止信号筒的烟雾吹向船上的人员;陆地迫降时,应在高的开阔地带使用。使用完后,将燃过的一端浸入水中冷却后,保存好信号筒未用的一部分并存放在救生包内。只有在飞机或船确实可以被看到或接近时才发射信号筒。

4. 饮用水

在许多救生包内都装有几升的饮用水(图 4-29),若是罐装饮用水,则必须备有开罐工具。

5. 水净化药片

水净化药片不是去盐药片,并不能使海水/咸水变得可以饮用,它是用来净化收集到的淡水的(图 4-30)。

图 4-29　饮用水

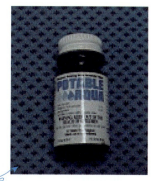

图 4-30　水净化药片

6. 海水染色剂

海水染色剂是一种化学试剂,可将救生船周围 300 米左右的水染成荧光黄绿色(图 4-31),并可持续约 45 分钟,若是波涛汹涌的海面,时间则会短一些。当见到搜寻和营救人员,且海水相对平静时可使用。只需将短绳系在救生船逆风的一侧,拉下盖片释放染色剂,然后将染色剂扔到水中即可。

7. 修补钳

修补钳用来修理破损的救生筏面(图 4-32)。当救生筏面被划破时,应小心撕开或用小刀割开小的磨损口,将修补钳下部的垫片穿入磨损口;面向内层将垫片放平,然后将上方的盖片压下,盖好封严;放下翼形螺帽,将修补钳的两部分垫片拧在一起;最后,把中间用于固定的铁丝向内弯曲,以防再次划伤筏面。

图 4-31　海水染色剂

图 4-32　滑梯修补钳

8. 信号反射镜

信号反射镜可用来向过往的飞机和海上的船只反射太阳光或月光,发出求救信号(图 4-33)。其镜面上反射光的视程可超过 23 千米。使用时,将太阳光反射到一个近处的物体的表面,逐渐将镜子向上移到与眼睛水平处,并能通过小孔观察到一个光亮点,此点即为目标的指示点,慢慢转身调节镜子方向,使目标指示点落在来往的飞机或船上,以引起目标的注意。使用时必须将拴在镜角上的绳子套在手上或脖子上,以免反射镜掉入水里。

图 4-33　信号反光镜

9. 其他物品（图4-34）

救生包内还有手电筒、舀水桶、哨子和少量的如药膏、清醒剂和晕船药等医用急救用品。靠电池工作时，手电筒可开关；浸入水中时，手电筒自动接通，不可关闭。通常在15千米的海域内可以看到手电筒的亮光。哨子可用于在雾天或晚上发出声音信号，以呼唤幸存者或其他救生筏以及水上最近区域的船只。

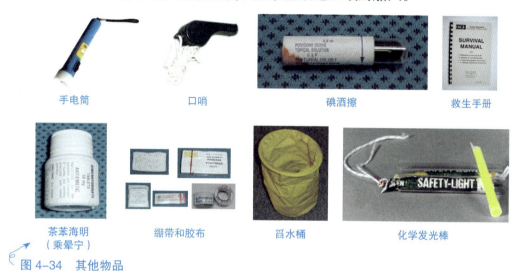

图4-34 其他物品

本章小结

通过本章的学习，学生能够识别机上通用应急设备的标识；熟练操作便携式氧气瓶并掌握使用时的注意事项和飞行前的检查内容；熟悉卫生间的烟雾报警系统，掌握飞行前如何对卫生间自动灭火装置进行正确检查；掌握急救箱和应急医疗箱的区别、数量及使用要求；掌握水基灭火器和海伦灭火器的区别、数量及使用要求；掌握PBE功能和注意事项；熟悉ELT性能及使用要求；明确救生衣的使用及充气时间；掌握救生包里面的主要物品及其功能。

思考与练习

一、填空题

1. 按照CCAR-121部X章附件B对急救箱和应急医疗箱的相关规定，

201~250 座的飞机应配备 _____ 个急救箱，500 座以上的飞机应配备 _____ 个急救箱。

2. 飞行前检查应急手电筒是否在指定位置固定好，电源显示红色灯 _____ 秒闪亮一次为正常，通常可持续使用 _____ 小时以上。

3. ELT 必须同时具备的发射频率为 _____ 兆赫兹和 _____ 兆赫兹。

4. 飞行前对卫生间自动灭火系统的检查主要包括：灭火器是否在位；热熔帽必须是 _____ 色为正常；压力表指针务必在 _____ 色区域。

5. 卫生间烟雾报警系统探测烟雾发生后，烟雾探测器的 _____ 指示灯和该门上的 _____ 指示灯闪亮。

6. 直接准备阶段，客舱乘务员应检查氧气瓶上的压力指针是否在 _____ 色区域。当氧气瓶压力指针指示为 _____ 磅/平方英寸时，应停止使用。

7. 安全带包括成年人安全带、_____ 安全带、婴儿安全带和 _____ 安全带。

8. 取下 PBE 后，不要靠近有明火或火焰的地方，充分抖散 _____，一边让残留 _____ 尽快散发。

9. 机组安全带由 _____ 安全带和 _____ 安全带组成。

10. 机上旅客座椅的 _____ 和机组专用座椅的 _____ 在紧急情况下可作漂浮物使用。

二、判断题

1. PBE 的氧气供给时间可持续 10 分钟。（　　）

2. 乘务员穿戴 PBE 时应远离失火现场。（　　）

3. 当人身体着火时，可用海伦灭火器直接对人喷射。（　　）

4. 反光镜也可在阴天使用。（　　）

5. 海水染色剂的作用是改变海水颜色，发出求救信号。（　　）

6. 机上使用过的注射器应放入专用垃圾袋以便妥善销毁。（　　）

7. 机组救生衣的颜色是红色。（　　）

8. 救生包里的水净化药片可使海水变得可以饮用。（　　）

9. 只有有医生资质的旅客和客舱乘务员才能使用应急医疗箱。（　　）

10. 消防斧仅用于失火时砍断电线。 （   ）

三、简答题

1. 飞行前如何检查便携式氧气瓶？

2. 海伦灭火器和水基灭火器有哪些区别？

3. 请简述 RESCU 406 型 ELT 的使用方法。

4. 请列出救生包里至少十项物品及其主要功能。

5. 请简述急救箱和应急医疗箱的区别。

第五章 Cabin Safety

紧急情况

✿ **素质目标**

1. 培养学生安全意识和安全理念；
2. 培养学生责任感和使命感；
3. 培养学生忠诚担当的政治品格、严谨科学的专业精神、团结协作的工作作风。

✿ **学习目标**

1. 能够判断失压类型并做出正确处置；
2. 了解机上火灾特点，掌握灭火三人小组及其职责；
3. 掌握客舱常见失火种类和推荐的灭火程序；
4. 掌握空中颠簸对飞行安全的影响及颠簸管理操作程序。
5. 掌握危险品、禁运物品的相关规定及要求，了解爆炸物和可疑物的基本处置程序。

虽然我们不希望飞行时航班出现任何紧急情况,但是我们应该时刻做好准备,旅客的安全是我们最为关注的事情,我们将在这个章节中了解飞行中最容易发生的紧急情况和推荐的处置程序。

第一节 客舱失压

微课程视频

客舱失压

我们都知道人类生存离不开氧气。飞机升空后,随着飞行高度逐渐增加,周围的空气越来越稀薄,气压下降,温度也下降。在海拔4000米以上高空,人就有较严重的缺氧表现。到了海拔6000米的空中时,机外温度下降到零下24摄氏度,空气密度仅为地面的53%,此时人能维持有效知觉的时间仅为15分钟。为了保证旅客舒适和维持正常呼吸,飞机增压系统会将外界的空气经过增压后输送到客舱内,这种增压后的气压相当于海拔2400~2800米高度的大气压力,这种叫作增压座舱。增加座舱的气压所相当的海拔高度,被称为"座舱高度"。

通常情况,随着飞机高度的上升,飞机的增压系统会缓慢地给飞机增压,使飞机上的旅客不至于因为高空压力小和氧气不足而产生不舒服的感觉。当增压系统发生故障而无法达到预定的增压效果,或是由于机体受损而令座舱高度不断升高时,就称为"失压"。如果在高空出现客舱失压,由于机舱里的氧气外泄和压力减小,会使机上人员在瞬间身体膨胀、缺氧窒息,从而逐渐失去意识,若没有足够的氧气供应,最后的结果就是机上人员全部缺氧死亡。

一、失压类型

失压分为缓慢失压和快速失压(图5-1)。缓慢失压指的是逐渐失去客舱压力,它可能由机门或应急窗的密封泄漏或因增压系统发生故障而引起。在此期间采取诸如下降高度之类的补救措施后,对飞机和机上人员极少会造成伤害。快速失压是指迅速失去客舱压力。各种技术、结构原因或蓄意破坏,都可能造成快速失压。这时要求驾驶员将飞机紧急下降,同时客舱乘务员应采取相应措施。

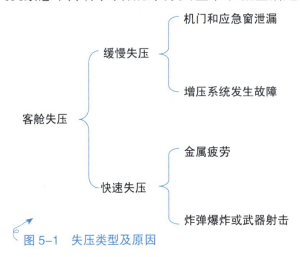

图 5-1 失压类型及原因

二、失压迹象

当缓慢失压发生时,可能会在门或窗口周围发现有光线射入,听见呼啸声(但如果是由于增压系统故障而造成的缓慢失压,我们无法听见呼啸声),感觉到耳朵不舒服;氧气面罩脱落,同时由于化学氧气发生器工作而使客舱变暖,并伴有焦糊味。

当快速失压发生时,有可能听见巨大的响声,同时冷空气涌入客舱,使客舱内温度急剧下降。由于机内外冷热空气交汇,客舱内突然雾气笼罩。客舱里充满灰尘、碎片、松散的物体。物品被吸向洞口,飞机急速下降。氧气面罩脱落,同时由于化学氧气发生器工作而使客舱变暖,并伴有焦糊味。

因为缺氧和压力下降,快速失压对机上人员的影响是严重的。他们通常伴有下列征兆,虽然可能短暂,但是仍然十分危险:胸部突然膨胀且呼吸困难、感觉寒冷、耳膜外鼓、说话困难等。缺氧可引起人们一系列的不良反应,但具体情况因人而异,通常体质越差,反应越明显。在高原生活过的人,都知道低压、缺氧环境下"高山病"的厉害。氧气浓度一旦降低,人吸入的氧气减少,动脉血中的氧气随之减少,身体各器官得不到充足的氧气供应,生理机能就发生障碍,会产生换气过度、头晕眼花、四肢乏力、呕吐不止等各种反应,严重时导致死亡(表 5-1)。

不同的海拔高度下人们的反应 表 5-1

高度	症状
海平面	正常
10000 英尺（约 3000 米）	头痛、疲劳
14000 英尺（约 4200 米）	发困、头痛、视力减弱、肌肉相互不协调、指甲发紫、昏厥
18000 英尺（约 5500 米）	除上述症状外，记忆力减退，重复同一动作
25000 英尺（约 7600 米）	惊厥、虚脱、昏迷、休克
28000 英尺（约 8500 米）	5 分钟之内立即出现虚脱、昏迷

机组成员在供氧不足的情况下，能够有效地履行其职责的时间长度被称为剩余意识时间（TUC）。影响 TUC 最为重要的因素是飞行高度。此外，身体状况、吸烟、药物、酒精等都会降低人对高空压力的承受能力（表 5-2）。

不同海拔高度与剩余意识时间对照表 表 5-2

海拔高度	剩余意识时间（TUC）
15000 英尺（约 4500 米）	30 分钟以上
22000 英尺（约 6700 米）	5~10 分钟
25000 英尺（约 7600 米）	3~5 分钟
30000 英尺（约 9000 米）	1~2 分钟
35000 英尺（约 10500 米）	30~50 秒
40000 英尺（约 12000 米）	18 秒
45000 英尺（约 13500 米）	15 秒

商用飞机一般都是在 35000 英尺的高空上飞行，含氧量也只有海平面的 30%，温度在零下 53 摄氏度左右。美国联邦航空局（FAA）在 1996 年发布的公告指出：当飞机在 25000 英尺以上高度时，如果客舱内超过 2 分钟没有提供氧气，可能会造成乘客永久性脑损伤；当飞机在 25000 英尺高度时，如果没有提供氧气，绝大多数人都会在 3~10 分钟内失去知觉。

案例 2006 年 10 月 9 日，希腊政府事故调查局公布了塞浦路斯的 Helios Airways（太阳神航空公司）的 B737-300 飞机于 2005 年 8 月 14 日在希腊雅典坠地的最终事故调查报告。该机当日执行由塞浦路斯拉纳卡飞往捷克布拉格的 ZU522 航班。机上乘有 115 名旅客和 6 名机组人员。不幸的是，当飞机爬升穿越 18200 英尺高度时，客舱氧气面罩自动掉下；调查报告确认，头天晚上该机刚接受过维修检查，地面机务人员在做完增压测试后，没有按照手册检查，将飞机恢复正常状态时,将座舱增压置于"手动"模式,没有将模式旋钮放回"自动"位;机组人员起飞后未意识到增压选择器处于手动模式。当飞机穿越地中海上空10000英尺(约3000米)高度时,座舱高度警报响起。飞行员不知道客舱氧气面罩已经掉下,而客舱机组人员未执行向驾驶舱机组报告客舱失压情况的程序。飞机爬升至FL340(34000英尺)的巡航高度飞行,飞行机组因缺氧而失能,致使飞机呈无人驾驶状态下"自动"飞行直至机上燃料耗尽,在希腊雅典国际机场的西北方向33千米处坠地失事,机上所有人员全部遇难。

三、失压处置程序

当座舱高度达到大约14000英尺(4267米)时,旅客座椅上方的氧气面罩储藏箱盖板就会自动打开,氧气面罩自动脱落(图5-2)。若盖板不能打开,在盖板上的小孔中插入一个针状物或人工释放工具,即可松开盖板锁机构。此时,用力拉下任何一个面罩,即可使此供氧组件之化学氧气发生器的锁定销拔出,氧气发生器开始工作。氧气流量可达2升/分钟,使用过程中氧气不可被关断。现在,只要将面罩罩在口鼻处,就可正常呼吸了。客舱供氧系统可提供12~15分钟的氧气供应,使驾驶员能够有时间将飞机下降到安全的海拔高度。

人工释放工具在失压时不能使用,只有当飞机在安全高度平飞后,客舱乘务员在客舱安全检查时发现旅客需要用氧而氧气面罩储藏箱盖板没有打开时方可使用(图5-3)。

图5-2 自动脱落的氧气面罩

图5-3 人工打开氧气面罩

需要注意的是，化学氧气发生器在工作时会发出热量，客舱温度也会随之增加，同时会有燃烧的气味和一些烟雾。不同机型的氧气面罩配置略有不同，但每排旅客座位至少有一个氧气面罩备份。厕所内一般都设有两个氧气面罩。客舱乘务员氧气面罩的数量及位置也不尽相同，但一定都是在每个折叠座椅附近，并设有备份面罩。

快速失压发生时，飞行机组和客舱乘务员应按照怎样的程序来操作和处理呢？

1. 驾驶舱处置程序

当座舱高度达到10000英尺（约3000米）时，驾驶舱内的警告喇叭会发出警告声。此时，驾驶舱机组人员须立即戴上氧气面罩，按照驾驶舱"失压检查单"迅速处置，包括急剧下降高度及打开"禁止吸烟和系好安全带"信号灯项目。

2. 客舱处置程序

（1）快速失压

实操视频

客舱失压处置程序

当快速失压发生时，客舱乘务员应迅速戴上最近的氧气面罩，就近坐下来，系上安全带。如果没有空座位，可直接坐在地上，握住座椅下面的行李防滑杆，固定好自己。用手势指示旅客坐下，拉下氧气面罩吸氧，并系好安全带；对戴眼镜的旅客，指示他们先取下眼镜，然后再戴上氧气面罩；指示已经戴上氧气面罩的成年人协助坐在他们旁边的儿童（高空失压时，人一般只有30秒到1分钟的反应时间，如先帮孩子戴面罩，可能"两败俱伤"）；记住氧气面罩的佩戴顺序是先客舱乘务员，后成年人，再未成年人乘客，也可同时进行；告知所有乘客禁止吸烟；在飞机到达安全高度或失压警告解除前，所有人员停止客舱内的一切活动。注意戴氧气面罩时，面罩一定要紧贴口鼻处，拉紧系带，保持正常呼吸，否则呼吸道和肺泡内的氧气会立刻被"吸出"体外。

> **案例** 2018年当地时间4月17日，美国西南航空公司从纽约飞往达拉斯的1380次航班，在飞行途中引擎突然爆炸，一个弹片划破了机窗，一名坐在窗边的女乘客的半个身子都被吸出了窗户，幸亏其他乘客将她拽了回来，该女子之后死亡，另有7人受伤。美国国家运输安全委员会主席罗伯特（Robert Sumwalt）表示，这是2009年以来美国航空事故中首次发生乘客死亡事故（图5-4）。

图 5-4　美国西南航空公司 1380 次航班快速失压

（2）缓慢失压

如果是缓慢失压，当氧气面罩未脱落时，客舱乘务员应迅速就近入座，系紧安全带。如没有有效的空座，应坐于地板上，抓住就近的飞机结构。广播通知旅客坐于原位，系紧安全带，停止使用洗手间。广播指导旅客用以下方法缓解压耳症状：捏鼻鼓气法或张嘴做吞咽动作，运动下颌。如客舱内的氧气面罩已脱落，客舱乘务员应按快速失压处置程序执行。

3. 失压发生后

失压后，一旦飞行机组通过旅客广播系统或通过内话通知客舱飞机处于安全高度，且飞机进入平稳飞行时，机上人员可以安全走动。客舱乘务员则可以携带手提式氧气瓶进行客舱检查。要求旅客继续保持系好安全带，对受伤乘客或机组成员给予急救。首先急救失去知觉的旅客和儿童，然后照顾其他旅客；对缺氧的旅客提供手提氧气瓶，对有知觉的乘客提供氧气时，使其保持直立位，对没有知觉的乘客提供氧气时，使其采取仰靠位，氧气瓶必须固定在其座位上。氧气瓶不能固定在过道方向，如果满客的情况下请使用加长安全带固定在座椅靠背上，安全带不要压住输氧管，阻碍氧气流动。由于氧气的供应，客舱乘务员应准备好灭火设备，防止意外明火引燃发生火灾。检查飞机受损状况，如机身破损，则重新安置旅客座位，让他们离开受到风吹或危险的区域。检查厕所内有无旅客、机舱内有无火源。客舱乘务员在客舱中走动可以让旅客消除疑虑。整个失压过程及乘客和客舱情况要及时向机长通报。提醒旅客不要将氧气面罩重新放回旅客服务组件内，应放于座椅前面的口袋内，因为化学氧气发生器作用时会产生高热，如果放回，旅客服务组件易被烫坏。

第二节 客舱失火

尽管飞机制造商、航空管理当局和航空公司都通过提供防火材料和执行旨在将火险降到最低的规定，竭力减少飞机上发生火灾的风险，但由于各种原因，火灾仍有可能发生。

空中失火被认为是最严重的空中紧急情况，常发生在客舱、厕所、厨房和货舱。在诸多的客舱安全事故中，火灾的隐患最为严重，一旦发生，后果难以预料。失火将对飞机产生毁灭性的影响，其产生的热气、毒烟在狭小的客舱里将很快使机组人员和旅客失去能力，甚至破坏飞机的某些系统。吸入大量的有毒气体将导致机上人员窒息死亡，而且失火后旅客容易产生恐慌，试图逃离失火地点，旅客的盲目行动会导致飞机失去平衡，难以操纵。

客舱机组人员应该警惕客舱内有可能存在的潜在火险，飞行中必须频繁地监视客舱，特别是夜航航班，确保没有烟或火。还应该频繁地检查厕所，尤其是厕所中由于太满或堵塞使活动盖处于半开状态的垃圾箱。还应检查烤箱和电气设备的状况，不要在烤炉内存放纸张或塑料制品。

一、机上火灾特点

机上火灾特点

1. 突发性大，蔓延迅速

机上火灾与地面火灾相比，有着很大的突发性。地面火灾的发生有一个发展的过程，需要 10~15 分钟才能达到相当猛烈的程度；而机上火灾的火势发展相当迅速。火灾测试表明，如果客舱乘务员未能及时处理火情，火势则可能会在 8~10 分钟内变得难以控制，而飞行机组人员仅有 15~20 分钟时间将飞机降落，最后的结果可能是机毁人亡。加拿大运输安全局曾经对 1967—1998 年发生的 15 起空中失火事件进行研究，结果表明从发现空中失火到飞机实际着陆之间的平均时间为 17 分钟。

2. 扑灭困难

飞机失火往往是瞬间发生，而且迅速蔓延。由于飞机通道狭窄，人员密度高，这给扑灭火情带来了一定的难度；飞机上的灭火器材有限，按照CCAR-121部规定，不同的机型，飞机上配备的灭火器数量为1~8个不等；失火位置复杂，无法对货舱、隔间壁板内的火源进行直接处置；难以得到地面专业部门的协助等，这些都给机上人员处置失火带来了极大的困难。

3. 人员难以逃生

如果是空中失火，机上人员难以逃生。机上人员不仅会面临烟熏、缺氧和毒气中毒等，还会被烧伤或烧死。相关研究报告显示，火灾中大约95%的死亡人数是由于吸入毒性气体而导致的。许多机载物品，如飞机上的地毯、门帘、座椅套等都是用阻燃材料制成的，阻燃并不意味着不燃，就算制成飞机的材料——镁合金和钛合金也是可燃材料，它们不但会燃烧，而且在遇火后甚至会发生爆炸，使燃烧更加猛烈，这些物质在燃烧时会产生大量的有毒成分，如一氧化碳、二氧化碳、氢氰酸、氯化氢和丙烯醛，这些物质对于眼睛和呼吸道产生重度刺激。当一氧化碳在空气中的含量达到1%时，成年人吸入仅1分钟即可致死。二氧化碳的危害主要是刺激和破坏人的呼吸中枢，当二氧化碳在空气中的含量达到7%~10%的时候，就可以导致人死亡，而根据测量，在一个火灾现场附近的二氧化碳浓度可以达到20%。

4. 后果难以预料

由于飞机客舱是进行了增压的，配备有活动氧气瓶和氧气发生器；又由于机上火灾的失火部位可能会影响飞机的操纵系统，旅客大规模的移动会改变飞机的重心，甚至造成飞机失控。种种因素使机上火灾产生的后果难以预料，如果飞行机组和乘务组对火灾处置不及时或不恰当，都可能会使得客舱局势和火势无法控制，哪怕飞机已经落地，也可能没有一人能够逃生。

> **案例** 1973年7月11日，巴西航空公司（Varig）一架波音B707执飞里约热内卢至巴黎航班，在巴黎奥利机场跑道外迫降，离后舱报告有火情仅5分钟。驾驶舱里充满了浓烟，飞行员无法看清仪表板，也看不见前面的风窗，为了能强

着陆,飞行员不得不打开滑动窗。机上共有134人,只有3名飞行员、7名客舱乘务员和1名旅客幸存下来,其他人员因为窒息和烧伤死亡。据报道,事故可能是由于右后卫生间里的洗手池失火造成的,失火的原因可能是电气故障,也有可能是一名旅客在卫生间抽烟后,把燃着的烟头扔到垃圾箱里。

火情发展有三个阶段:初始阶段(火慢慢燃烧)、闷燃阶段(会产生轻烟或可以看见烟雾)、燃烧阶段(火迅速扩散)。如果出现机上失火,要想火情尽快得到控制,时间非常关键,客舱乘务组和飞行机组之间的沟通和配合至关重要。为了控制火势蔓延、有效灭火,机组人员应该按照公司批准的程序和飞机制造商提供的指南进行灭火。多数航空公司在手册里明确规定需要至少3名客舱乘务员的分工和合作,他们在灭火中分别扮演了消防员、通信员和辅助消防员,当客舱内出现烟雾或火情时,客舱乘务员必须立即通知机长。

实操视频

灭火三人组
(以行李架灭火处置程序为例)

(1)消防员

首先发现失火的客舱乘务员承担消防员的职责。他可在通过呼叫或内话方式告诫其他客舱乘务员的同时取下最近的、适当的灭火器迅速确定火源、进行灭火。明火扑灭后要彻底地检查火源,继续喷洒灭火剂或水进行降温以确保火被完全熄灭。在失火区域烟雾强度过大或发出有害气体的情况下,可使用防护式呼吸装置(PBE)。

(2)通信员

另一名客舱乘务员通过失火区域附近的内话与驾驶舱建立通信联络。随时将客舱情况向机长汇报,并将机长的指示及时传达到客舱。向机长报告时应使用简单明确的语言,报告内容应包括失火位置、火源、火情的严重性/浓度(包括烟雾的气味和颜色)、灭火过程、使用的灭火器的数量、开始灭火时间。在向飞行机组报告时,客舱乘务员不要低估烟雾和火情的严重性。飞行机组根据客舱乘务员的报告确定采取下一步行动,比如是否需要紧急下降、紧急备降或迫降。

(3)辅助消防员

第三名客舱乘务员尽快提供灭火援助,以保证有后备的灭火设备;将火源附近还未燃烧的物品移走;如需要,可关断电源;定期向乘务长汇报灭火的进展情况;如果需要,准备好代替消防员。

灭火时客舱乘务员必须要注意阴燃火和残余火。阴燃火一般火焰不明显、燃烧速度慢。如果不及时采取措施，或未将阴燃火完全扑灭，火势将在短时间内迅速变大，难以控制。残余火是指未被完全扑灭的火源，它可能有或没有明显的火焰。残余火如果未被完全扑灭，火势有可能在短时间内再次蔓延，难以控制。因此，当火焰已经熄灭时，机组人员必须防止任何复燃的可能性。在所有的非电气类失火碎片中，应该使用湿枕头、湿毛毯和非酒精类饮料浇湿此区域，但是这种办法不能用于电子设备或电气连线上。

除了飞机上必须安装的应急设备，机组人员还可以考虑使用一些通常不被当作灭火设备使用的物品，例如不含酒精的饮料（咖啡、苏打水、果汁或水）等。瓶装或罐装碳酸饮料在晃动后可以充当灭火剂使用，其方法是，打开瓶盖，向火焰根部喷射。此外，潮湿的毛毯或枕头可以用作闷熄装置帮助灭火，防止复燃。

机上失火时多数旅客会出现担心甚至惊慌情绪，没有参加灭火的客舱乘务员应在客舱中做好旅客管理和安抚工作。若失火附近有旅客，安排他们离开有害气体或火焰区域，其他旅客则坐在座位上。对于那些因吸入烟而需要氧气的旅客，必须为其更换座位，到远离该区域的地方补充氧气。如果不能重新安排旅客，鼓励他们尽可能把头低下。客舱失火后产生的浓烟和有毒气体对旅客安全威胁很大。客舱乘务员应通过客舱广播告诉旅客不要大声呼叫、不要打开通风口，这样会加大对烟雾的吸入；也不要惊慌失措全部涌向飞机的某一部分，这样会使飞机重心失衡，只要离开失火部位4排以上座位即可。因为烟是往上飘移的，旅客要尽量放低身态，屏住呼吸，或用湿毛巾、衣物堵住口鼻，防止有毒气体的吸入。

二、客舱常见失火种类和推荐灭火程序

飞机上还有一些特定的地方失火，如厨房、卫生间、衣帽间、头顶行李舱、旅客座椅下、舱壁和整流器等，需要一些特殊的处理方式。

1. 厨房灭火程序

如果厨房里的电器失火，客舱乘务员必须立即切断厨房电源，使用适当的灭火器灭火，立即汇报机长和其他组员。厨房中最易出现失火的设备是烤箱，这种类型的火灾隐患出现概率较高，因此在使用烤箱加热食物时，客舱乘务员应对烤箱进行严密的监控。

使用烤箱前要检查烤箱内是否有异物,不要把塑料、纸类、棉织品等物品放在烤箱和保温箱内(图 5-5)。烤箱失火一般是由于加热时间过长、餐食油脂溢出以及错误操作引起的。客舱乘务员在每次启动烤箱工作时,都应检查烤箱内有无上次滞留下来的食物油渍;了解需加热食物的正确加热温度及时间,避免食物加温过长造成油脂溢出;逐一检查加热食物的密封情况,以免在飞机起飞和着陆时由于密封食品盖不牢固而造成油脂溢出。

当烤箱着火时,应立刻通知驾驶舱。担任消防员的客舱乘务员必须保持烤箱门关闭,以消耗氧气和窒息火焰(在大多数的事故征候中,火情会自动熄灭);拔出相关的跳开关,切断烤箱电源;监控火情。如果情况恶化或火仍然持续,戴上消防手套和防护式呼吸装置(PBE),将烤箱门打开一条缝(仅仅可以插进海伦灭火器的喷嘴),喷射灭火剂,确定火已熄灭后,将烤箱门关闭。灭火成功后报告驾驶舱。如果火焰扩展到烤箱的外部,要使用海伦灭火器对烤箱周围进行灭火。注意:烤箱失火时打开烤箱门是非常危险的,打开烤箱门会从外界引入氧气,从而使火势变大。

实操视频
烤箱灭火处置程序

如果烧水杯失火,首先切断电源,使用海伦灭火器灭火(图 5-6)。切忌往过热的烧水杯里倒冷水,以免客舱乘务员被热蒸汽烫伤。

图 5-5　烤箱

图 5-6　烧水杯

另外,客舱乘务员需注意:除非运行手册中的程序要求或机长同意,不应在飞行中复位断路器/跳开关。造成断路器/跳开关跳出的原因可能是电气负载或者相关连接线出现了故障,若机组人员在不了解断路器/跳开关弹起原因的情况下将其复位,可能会恶化电气故障,甚至增加使用其他设备的风险,结果会导致相关的电气部件温度上升,产生失火的可能。

2. 卫生间灭火程序

卫生间失火在飞机的火灾中占的比例较大（约45%），主要是由卫生间内的抽水马达自燃、旅客违规吸烟引起的。因此一定要按照航空公司规定，定时检查卫生间。如果客舱乘务员发现旅客在卫生间吸烟，必须要求旅客立即停止吸烟，重点检查卫生间里的垃圾箱，因为有的旅客抽完烟后会把未熄灭的烟头丢进垃圾箱中。

实操视频

卫生间灭火
处置程序

如果烟雾探测器发出警告声，表明卫生间存在着有烟或起火的现象，要立即报告机长，然后敲门，确定是否有人在使用卫生间。如果有人，则试着与之联系。如果是吸烟造成烟雾探测器发出警告，则让该旅客熄灭香烟。打开门将烟雾从厕所内清除，则警报解除。如果无人，则用手背（因手背对温度的变化要比手掌或手指更为敏感）感觉一下门的上下部及门缝是否有热度，确定热源位置，而且，用手背探测可以避免手指灼伤而影响使用灭火器。如果厕所门和四周舱壁是冷的，要小心地开门（不要正对门缝或一次开直），再喷射灭火剂灭火，为了压住火焰，也可使用潮湿的毛毯打灭火苗。如果厕所门是热的，使用灭火器对厕所门四周进行喷射，然后小心把门打开一点（切忌全打开），插入灭火器喷嘴，自上而下沿门缝按压释放灭火剂进行灭火，重复此步骤，直到门上的温度下降。戴上防护式呼吸装置（PBE），携带海伦灭火器进入卫生间察看，以确保火已完全熄灭。如果有烟雾从门四周溢出，用湿的毛毯或毛巾堵住缝隙。灭火成功后，关闭厕所，并报告机长，卫生间门如图5-7所示。

图5-7 卫生间门

案例

2007年8月27日凌晨，迪拜—北京航班。飞机平飞后，乘务组开始为旅客提供餐食。这时，一名刚从右三门洗手间出来的旅客经过客舱乘务员身边时身上散发出一股淡淡的烟味。客舱乘务员马上询问他是否在洗手间内吸烟，该旅客吞吞吐吐、言辞闪烁。为了避免意外发生，客舱乘务员立即打开洗手间，闻到了里面的烟味。她立刻通知了同在客舱中服务的兼职安全员，当客舱乘务员推开垃圾箱盖板时，烟雾扑面而来，随之而来的是刺鼻的杂物燃烧的味道，显然没有熄灭的烟头已经将废纸点燃。客舱乘务员迅速拿起餐车上的矿泉水，向垃圾箱内泼去，直至将明火熄灭。为了防止死灰复燃，客舱乘务员将垃圾箱取出，对垃圾箱内的废弃物逐一进行检查。在确认没有发现明火的情况下，又检查了洗手间内其他地方，确认无火情隐患。

3. 衣帽间灭火程序

首先用手背触摸门的温度，如果门和四周舱壁是凉的，小心地开门，注意观察起火的位置，对准火源底部喷射灭火剂。如有可能，移走未燃烧的衣物等。如果门和四周舱壁是热的，使用灭火器对门四周进行喷射，然后小心地把门打开一点（切忌全打开），插入灭火器喷嘴，自上而下沿门缝按压释放灭火剂进行灭火，重复此步骤，直到门上的温度下降；戴上防护式呼吸装置（PBE），携带海伦灭火器进行察看，以确保火已完全熄灭；灭火成功后，关闭衣帽间，报告机长并填写"客舱记录本"。

4. 锂电池失火灭火程序

对于锂电池在客舱内自燃或爆燃，不能依照普通的规则用海伦灭火器灭掉明火，因为锂电池内部结构都是一节一节的，虽然明火被扑灭，但锂电池内部的高温会依次引燃另外几节产生反复爆燃，因此客舱乘务员必须使用水灭火器一直喷射，直到电池温度降低到室温；或用海伦灭火器灭掉明火后，持续用水浇降低到常温，禁止用冰块对锂电池降温。

5. 隐藏区域失火灭火程序

"隐藏区域"的定义是"压力框架中不准备让机组进入的任何区域，除了专门的货舱区域"，比如侧壁面板、地板、隔板、通风格栅、天花板等。机组一定要认识到"隐藏区域"有可能出现失火。火情在这些区域的蔓延可能无法探测，其表现出来的是不正常的高温表面，或者是从缝隙中冒出的烟雾，或者是气体或异常气味。因为无法进入这些区域，所以要确定火源比较困难。如果怀疑面板后起火，试着确定一个"热点"，一个异常高温的区域，这通常可以明确指示火源的位置。用手背沿着面板移动以找出温度最高的区域。如果有必要，可能需取下面板以进入该区域。应急斧可以被用作杠杆来提升面板，或者在面板上敲一个足够大的洞以插进灭火器的喷嘴，然后释放灭火剂。但要注意的是，盲目使用应急斧或其他设备进入面板可能会损坏飞机的一些主要连线和系统。没有飞行机组的指示，客舱乘务员不得自行撬开面板或舱壁进行灭火。

第三节 空中颠簸

空中颠簸

在非致命的飞行事故中,空中颠簸是旅客和乘务员受伤的最大原因,特别是晴空颠簸。根据国际航空运输协会(IATA)的统计,自 1989 年来,空中颠簸事件报告不断增加,在飞机起飞爬升、巡航、下降进场等各个阶段都有事故发生,乘务员受伤情况比较严重。颠簸虽然一般不会造成恶性飞行事故,但重度颠簸也可以造成机上人员重伤,甚至危及人身安全(图 5-8)。

图 5-8 哥伦比亚航空(Avianca)A330-200 飞机遇到强烈颠簸

据 IATA 统计,每百万飞行小时中有 18 个乘务员在颠簸中受伤;每年花费在因颠簸而受伤的乘务员身上的费用超过 6000 万美元。乘务员在各飞行阶段的受伤情况、受伤原因、颠簸发生时受影响的区域、遇到的颠簸情况、受伤时乘务员正在履行的职责、乘务员受伤程度等,如图 5-9~图 5-14 所示。

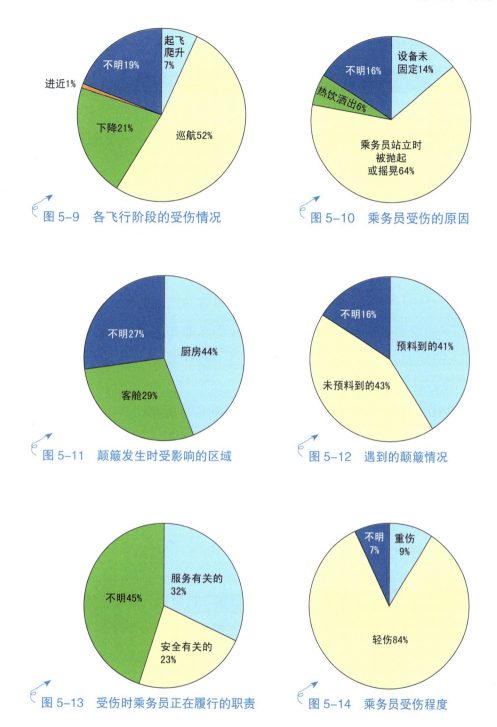

图 5-9　各飞行阶段的受伤情况

图 5-10　乘务员受伤的原因

图 5-11　颠簸发生时受影响的区域

图 5-12　遇到的颠簸情况

图 5-13　受伤时乘务员正在履行的职责

图 5-14　乘务员受伤程度

根据 IATA 的统计数字，我们将从颠簸的形成、颠簸的等级和处理程序、飞行颠簸中的客舱安全现状以及如何改进飞行颠簸中的客舱安全管理等方面来分析颠簸管理。

一、颠簸的形成和处理程序

飞机一般都是在万米以下的对流层中飞行。颠簸是由于空气受热上升或因地形而上升后温度差别较大,其中的水汽遇冷凝结后下降造成的,因而地面的障碍物、山峰的背风面以及云层的下面在一定条件下都会出现颠簸。一般来说,主要是受以下四个因素影响。

(1)受地形的影响:在山区,特殊的地形使空气受到阻力,造成空气垂直运动,由于空气不规则的垂直运动,使飞机上升或下沉,从而造成颠簸。

(2)受季节的影响:由于夏天雷雨较多、秋天的风较大,这两个季节颠簸会多些。

(3)热力原因:如午后或太阳辐射最强烈时容易出现颠簸,这是因为在太阳光的照射下,不同地表上的空气受热程度不同(如水面和陆地的交接处、山坡底下阳面或阴面),使地面的空气受膨胀上升,冷空气下降补充,从而形成空气对流引起颠簸,在中午飞行时尤为明显。

(4)动力原因:如冷暖气团的交接、浓积云和雷暴引起的风切变。飞机飞行时,其后会产生尾流。山峰的背风面会产生乱流。当飞机进入气旋乱流区时会出现抖动、下沉、改变飞行状态、发动机停止甚至飞机翻转等现象。

晴空颠簸是指在没有云的高空,由于大气活动造成的飞行器颠簸。通常大气由于地球自转和太阳辐射的作用,会在某些地方的高空(一般7000米以上)形成一个激流带,宽度可以达几十到几百千米不等。当飞行器误入激流带,会造成飞行器突然抬升和下降,轻则人员受伤,重则飞行器损坏而影响飞行安全。飞行中,飞行员通过使用机载雷达、地面导航设备和目视可预知飞机将进入颠簸区或避开常常伴有湍流的雨和雷暴区,然而晴空颠簸不伴有可见的天气现象;飞行员使用的机载雷达是通过对前方水雾浓度的监测来判断颠簸程度,而晴空万里时无法探测,难以预先发现,所以晴空颠簸会对飞行安全造成很大的威胁。

案例 2016年6月5日,马来西亚航空公司一架从伦敦希斯罗机场飞往吉隆坡的A380客机,在途中遇上晴空颠簸,导致一些乘客和机组人员受轻伤。客机内的食品车和厨房橱柜散落满地,乘客座位上方的置物柜也在震荡中受损。

相关乘客和机组人员在马航MH1班机于5日傍晚6时按时抵达吉隆坡国际机场后,接受医药人员治疗(图5-15)。

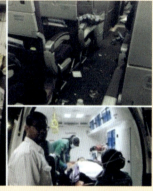

图5-15 马来西亚航空A380客机遇到晴空颠簸

二、颠簸的分类及其处置程序

中国民用航空局飞行标准司2009年12月发布的《关于制定空中颠簸管理程序防止人员伤害的要求》(AC-121-fs-2009-35),已于2010年10月正式实施,其附件"推荐的颠簸管理操作程序范例"明确了颠簸的等级划分和机组程序(表5-3)。

实操视频

空中颠簸及处置程序

颠簸等级和机组程序　　　　表5-3

项目	轻度	中度	严重
定义	轻微、快速而且有些节奏地上下起伏,但是没有明显感觉到高度和姿态的变化或飞机轻微、不规则的高度和姿态变化。机上乘员会感觉安全带略微有拉紧的感觉	快速地上下起伏或摇动,但没有明显感觉飞机高度和姿态的改变或飞机有高度和姿态的改变,但是始终在可控范围内。通常这种情况会引起空速波动。机上乘员明显感到安全带被拉紧	飞机高度或姿态有很大并且急剧的改变。通常空速会有很大波动,飞机可能会短时间失控。机上乘员的安全带急剧拉紧
客舱内部反应	饮料在杯中晃动但未晃出,旅客有安全带稍微被拉紧的感觉,餐车移动时略有困难	饮料会从杯中晃出,旅客明显感到安全带被拉紧,行走困难,没有支撑物较难站起,餐车移动困难	物品摔落或被抛起,未固定物品摇摆剧烈,旅客有安全带被猛烈拉紧的感觉,不能在客舱中服务、行走
餐车和服务设施	送热饮时需小心,或视情暂停服务,固定餐车和服务设施	暂停服务,固定餐车和服务设施	立即停止一切服务,立即在原地踩好餐车制动踏板,将热饮放入餐车内或放在地板上

续上表

项目	轻度	中度	严重
安全带的要求	检查旅客已入座和系好安全带,手提行李已妥善固定,抱出机上摇篮中的婴儿并固定	视情检查旅客已入座和系好安全带、肩带,以及手提行李已妥善固定,抱出机上摇篮中的婴儿并固定	马上在就近座位坐好,抓住客舱中的餐车,对旅客的呼叫可稍后处理
广播系统	客舱乘务员进行广播,视情况增加广播内容	机长或指定的飞行机组进行广播(若可能),客舱乘务员进行广播,视情况增加广播内容	机长或指定的飞行机组进行广播(若可能),客舱乘务员进行广播,增加广播内容和次数
安全带灯熄灭后	客舱乘务员巡视客舱,并将情况报告乘务长,乘务长向机长报告客舱情况		

三、颠簸对飞行安全的影响

为避免旅客和客舱乘务员受伤,在有带班乘务长参加的机组准备会时,机长会根据签派送来的航路天气资料告诉乘务长预计飞机在什么时候进入颠簸区域、颠簸的持续时间、颠簸等级以及和乘务长的联络情况。一般来说,当飞机要进入颠簸区时,机组会提前接通"系好安全带"的指示灯并通过旅客广播告诫客舱乘务员应马上停止客舱服务、固定好厨房设备、回到座位并系好安全带,旅客停止在客舱走动、回到座位并系好安全带。乘务长要提前用中英文进行广播,通知旅客系好安全带,停止使用卫生间。实际上多数航空公司在旅客登机后的广播词中会提醒旅客坐在座位上时系好安全带。

颠簸虽然不会造成恶性飞行事故,但会给机组和旅客带来一定影响。重度颠簸时,飞机结构可能受到一定程度的损害,发动机功率减少,飞行员会发觉操纵飞机困难,甚至飞机失去操纵。如果驾驶舱没有来得及提前通知客舱,可能会造成客舱乘务员和旅客受伤,甚至危及生命安全;旅客在客舱里站立或行走,容易失去平衡,造成受伤;就座的旅客如果没系安全带,其头部也有可能撞上头顶行李箱;客舱乘务员正在为旅客服务时,或厨房和客舱设备没有固定好,也可能造成乘务员受伤。

颠簸结束后,客舱乘务员要迅速进入客舱,控制客舱秩序,了解旅客受伤情况并向机长报告,如有旅客受伤,要采取措施救护受伤旅客。飞机着陆后,客舱乘务员应主动配合地面人员协助受伤旅客下飞机,填写重大事件报告单,并配合调查。

四、颠簸中的客舱安全状况

几乎在所有航空公司颁发的乘务员手册中(不管航空公司的性质和规模),都包括颠簸的分类和公司规定的乘务员的操作程序,但为什么还会出现乘务员受伤的情况呢?这既有航空公司在客舱服务方面某些规定的影响,也有乘务员的自身原因。

客舱乘务员明知颠簸期间坚持服务可能会带来受伤,为什么还要违反规定呢?

(1)客舱乘务员的首要职责是保证客舱安全,其中包括旅客安全。所以颠簸发生时如果有旅客站起来打开头顶行李舱或上卫生间,客舱乘务员会站起来或走到客舱里制止旅客的不安全行为,实际上他自己既违反了安全规定,也增加了受伤的危险。建议在这种情况下可以通过广播来提醒旅客回到座位。国外某航空公司曾发生过这样的事情,航班快到目的地时,机长通知5分钟后有颠簸,客舱乘务员完成安全检查后迅速回到座位。颠簸开始了,一名老年旅客被吓坏了,客舱乘务员立即过去帮助她。当客舱乘务员往回走时,颠簸更厉害了。结果其扭伤了脚,落地后医生检查是骨折。

(2)航线较短、减员飞行或满客时,时间压力和工作压力会使客舱乘务员不自觉地忽略安全规定。短航线中由于完成客舱服务的时间有限,客舱乘务员会提前进行客舱服务准备工作。飞机还在爬升阶段,客舱乘务员可能就开始在厨房里忙起来了;或者飞机已开始下降,客舱乘务员还在厨房收拾整理。

(3)当安全与服务有冲突时,有的客舱乘务员会因害怕旅客投诉或不能完成公司规定的服务程序被扣分,只好牺牲个人安全来保障服务的完成。现在航空公司之间的竞争越来越激烈,为了争取更多的客源,航空公司不断提高、完善、增加服务程序和服务项目,这些都给客舱乘务员带来了很大的压力,客舱乘务员担心在较短的时间内完不成这些服务会影响到他们的绩效分,因为多数航空公司在检查客舱乘务员客舱服务质量时都制定了一些量化标准。

五、颠簸中的安全管理

为了避免客舱乘务员和旅客在飞行中受伤,IATA在《客舱操作安全工具包》(第二版)和FAA于2006年1月19日颁发的《防止颠簸造成的受伤》的咨询通告中都提出了一些建议,归纳起来主要包括以下几个方面。

1. 提高客舱乘务员自身的安全意识，提供可行的自身安全保护措施

在颠簸中客舱乘务员受伤的概率远远大于其他机组人员，因为多数时间客舱乘务员都是站着的。客舱乘务员应该认识到在中度和重度颠簸中他们极易受伤，应该学会怎样自我保护以及在最短的时间内固定好餐车和厨房设施。

2. 加强机组沟通

机组间的有效沟通可以防止颠簸带来的受伤，有效沟通主要包括报告驾驶舱客舱的情况；使用标准术语和标准操作程序；飞行前准备会的内容；飞行中的联络及机长广播；乘务长复诵机长指令；颠簸后的联络。由于飞机颠簸时驾驶舱和客舱、客舱前部和客舱后部的感觉不一样，如果飞行员没及时接通"系好安全带"信号灯，客舱乘务员应根据自己的判断和感受及时通知乘务长或驾驶舱，同时还要做好机组间的相互沟通。

3. 厨房管理

根据IATA对客舱乘务员颠簸受伤情况的统计，44%的案例发生在厨房，其中11%是由厨房中未固定的设备造成的。因此起飞前和下降前的厨房安全检查及厨房设备的固定、归位尤为重要（图5-16）。

图5-16　厨房管理

4. 良好的工作习惯

客舱乘务员在日常工作中应养成良好的工作习惯。起飞前要做好客舱和厨房的安全检查；严格遵守飞行关键阶段的安全规定；餐车停下来时要记住踩制动踏板；不要把无人照看的餐车留在客舱；及时收回旅客用过的餐盘和水杯；每次使用设备后都应将其固定、归位、锁好；暂时不用的物品要存放好；保持工作台面和厨房区域整洁。这样即使在爬升阶段遇上颠簸或在飞行中遭遇没有预测到的颠簸，客舱乘务员受伤的可能性也会降到最低。

第四节 危险品、禁运物品、可疑物品和爆炸物

一、危险物品

危险物品是指在航空运输中对健康、安全或财产构成严重危害的物品和材料。危险物品一般包括蓄电池酸、丁烷气、焰火、弹药、除草剂、游戏、水银等物品。

根据危险物品所具有的不同危险性,危险物品被分为九类（图 5-17）。

图 5-17 危险品分类及表示方法

第一类:爆炸物品（Explosives）。标志上有相应的英文字母。

第二类:压缩气体（Flammable gas）,包括易燃气体和非易燃气体。在压力下液化或在强冷冻下变成永久性的液化气、液态气或液态空气。

第三类:易燃液体（Flammable liquid）,包括在闭杯实验中温度不超过 60.5℃ 或在开杯实验中温度不超过 65.6℃ 时放出易燃蒸气的液体、液体混合物、固体的溶液或悬浊液。

第四类:易燃固体（Flammable solid）。

第五类:氧化物和有机过氧化物（Oxidizer）。

第六类:有毒和传染物质（Poison）。如农药、细菌。

第七类:放射线物质（Radioactive）。

第八类：腐蚀物（Corrosive）。它们能通过化学作用造成活组织坏死和飞机上运载的其他货物损坏，比如酸和水银。

第九类：各种各样的危险品。如磁性物质和干冰。

危险物品按照其危险程度被划分为三个包装等级：

一级：危险性较大。

二级：危险性中等。

三级：危险性较小。

国际航空运输协会和国际民航组织（ICAO）对危险物品标志和标签有具体的要求，典型的危险物品有下列特点：钻石形状；上半部有危险品识别标志；等级和分类号在下角；易燃固体容易自燃。如果在飞行中发现客舱里贴有危险品标签或标志的行李，应立即报告机长，并按照乘务员手册中"危险物品事故处置检查单"采取相应措施。

二、禁止托运和携带的物品

为确保旅客乘机安全，中国民航局近年来发布了一系列规定，加强民用机场安全检查，并对禁止乘客携带或托运的物品作出具体规定（图 5-18）。

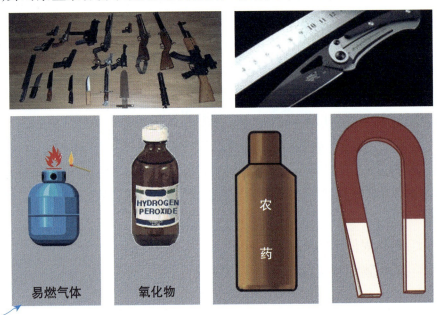

图 5-18　禁止托运和携带的物品

根据《中国民用航空旅客、行李国内运输规则》第三十六条规定：承运人承运的行李，按照运输责任分为托运行李、自理行李和随身携带物品。国家规定的禁运物品、限制运输物品、危险物品以及具有异味或容易污损飞机的其他物品，不能作为行李或夹入行李内托运。承运人在收运行李前或在运输过程中，发现行李中装有不得作为行李或夹入行李内运输的任何物品，可以拒绝收运或随时终止运输。旅客不得携带管制刀具乘机，管制刀具以外的利器或钝器应随托运行李托运，不能随身携带。中国民用航空总局令第85号文件《中国民用航空安全检查规则》也明确了旅客乘机禁止随身携带或托运枪支、军用或警用械具类物品。

《中国民用航空旅客、行李国际运输规则》对作为托运行李的枪支弹药也有明确规定：用于狩猎和体育运动的枪支和弹药，可凭枪支运输许可证或者国务院体育行政部门的批准证明作为托运行李运输，但不得作为非托运行李带入客舱。枪支必须卸下子弹和扣上保险并妥善包装。弹药的运输应当按危险物品运输的有关规定办理。

为确保航空安全，参照国际民航组织的标准，中国民航局于2008年12月9日颁发《关于调整旅客随身携带液态物品和打火机火柴乘坐民航飞机管制措施的公告》，内容如下：

（1）乘坐国际、地区航班的旅客，携带液态物品仍执行中国民用航空总局2007年3月17日发布的《关于限制携带液态物品乘坐民航飞机的公告》的有关规定。

（2）乘坐国内航班的旅客经过安检时，可随身携带单件容器容积不超过100毫升、总量不超过1000毫升的液态物品，但属于民航法规禁止旅客随身携带的易燃易爆液态物品除外。

酒类物品不可随身携带，但可作为托运行李交运。酒精度24度以下（含24度）的酒类物品，交运数量不受限制；酒精度在24度（不含24度）至70度（含70度）间的，交运总量不得超过5升；酒精度在70度（不含70度）以上的不得办理交运。酒类物品的包装应符合民航运输有关规定。

（3）糖尿病或其他疾病患者，可携带乘机旅途必需的液态药品，但需出示有本人名字的医院证明或者医生处方；有婴儿随行的旅客携带的液态乳制品，经安全检查确认无疑后，准予携带乘机。

（4）旅客因违反上述规定造成误机等后果的，责任自负。

鉴于打火机、火柴放入手提及托用行李内可能产生安全隐患，为保障飞行安全，2009年5月6日民航发布的《关于禁止旅客随身携带打火机、火柴乘坐民航飞机的公告》（〔2008〕3号）规定，旅客一律不允许随身携带打火机和火柴登机。

2008年8月起，根据ICAO《危险物品安全航空运输技术细则》和中国民航局《中国民用航空危险品运输管理规定》，乘坐飞机的旅客携带的电子产品中有锂电池，将不允许跟随行李托运。但旅客可以在手提行李中携带使用锂电池的电子产品，如手表、计算器、照相机、手机、笔记本电脑、DV等。携带备用锂电池必须单个做好保护以防止短路，且只允许每人在手提行李中携带2块备用锂电池。

FAA专家于2010年10月8日表示，锂电池在高空环境下遇到热辐射很容易自行燃烧，飞机上的大量锂电池可能增加航空隐患。FAA已经明令禁止客运飞机在货舱内装载锂电池。美国国家运输安全委员会数据显示，2001—2007年共发生13宗电池引发火灾、冒烟和过热的航机事故。2010年9月，一架美国货运飞机在迪拜附近起火坠毁，极可能是锂电池自燃导致的。

根据现行有效的ICAO《危险物品安全航空运输技术细则》和《中国民用航空危险品运输管理规定》，中国民航局在2014年8月7日发布了旅客携带充电宝乘机规定的公告。旅客乘机时携带的充电宝必须是用于个人自用，并只能在手提行李中携带或随身携带，严禁在托运行李中携带。额定能量不超过100瓦特小时的充电宝无须航空公司批准；额定能量超过100瓦特小时但不超过160瓦特小时，经航空公司批准后方可携带，但每名旅客不得携带超过2个充电宝；严禁旅客携带额定能量超过160瓦特小时的充电宝登机，未标明额定能量同时也未能通过标注的其他参数计算得出额定能量的充电宝也严禁携带乘机。旅客不得在飞行过程中使用充电宝给电子设备充电；对于有启动开关的充电宝，在飞行过程中应始终保持关闭。该规定同样适用于机组人员。

案例 2006年2月，一架降落在美国费城国际机场的UPS快递公司的飞机被发现其货舱起火。随后，美国国家运输安全委员会称，在失火的飞机中发现了数块烧毁的笔记本电池，并且无法排除是它们引起火灾原因的可能性。2006年7月，美国国家运输安全委员会在关于费城机场失火事故的一次听证会上指出，在受到损伤或遭遇短路时，锂电池能够产生热量，从而引发火灾。

案例 2018年2月25日下午，某航空公司广州—上海航班，在旅客登机过程中，一名旅客所携行李在行李架内冒烟并出现明火，机组人员配合消防和公安部门及时进行处置，未造成进一步损害。该航班随后更换飞机执行，涉事旅客被警方带走调查。经初步了解，事故原因系旅客所携带充电宝冒烟并着火，事发时充电宝未在使用状态（图 5-19）。

图 5-19 引发明火的充电宝

三、可疑物品

客舱乘务员可通过以下三个方面来判断是否为可疑物品（图 5-20）：

（1）此物品在此位置的特性是否"正常"？

（2）此物品是否曾经被隐藏？

（3）此物品看起来是否有很明显的嫌疑？

图 5-20 可疑物品

如果发现任何可疑物品，应立即通知驾驶舱和客舱里其他所有的机组人员。同时要求有一名机组人员守候此可疑物品所在区域，以防止他人移动和处理；禁止触摸和移动该物品；不要移动此物品，直到机长已经决定把它移到最低风险爆炸位置（Least Risk Bomb Location，LRBL）；禁止切断或断开任何的电线或者连线；禁止在怀疑物品的附近区域使用电子设备。同时向飞行组提供尽可能多的信息，包括准确位置、物品的描述，提供尽可能细节的信息、大小、颜色和任何特殊的气味。

在飞行过程中发现有毒化学物品、微生物或不明的可疑物品后,由机组安全员（空警）负责处置,未配备安全员的航班由乘务组负责处置。将有毒化学物、微生物或不明的可疑物品装入"生化隔离包"。生化隔离包为一次性使用装置,其结构由防毒胶布、密封拉链等组成,具有密封、耐腐蚀、阻燃、防静电、抗扯断力强的特点,外形尺寸为 500mm×450mm×280mm。其可以对二氯二乙硫醚（芥子气）、氢氰酸、氯化氢、细菌粉末等气体、液体、固体状态的有毒化学品、微生物进行密封保存,防止有毒化学品渗漏、扩散。在航班任务期间生化隔离包的使用管理由航空安全员（空警）负责,航班任务前、后,维修人员及航空安全员（空警）应对生化隔离包进行检查,并办理交接手续。发现丢失或损坏,应立即报告安全保卫部。

四、爆炸物

炸弹威胁有许多不同的类型,其中多数是骗局。不过,无论采取哪种形式,应该把每次炸弹威胁当作对飞行安全的真实威胁来对待。

炸弹威胁通常分为两类:运营公司、航班号、机型、起飞时间和目的地被确认,同时告诉了机上炸弹的位置;通过目的地、起飞机场或起飞时间确定的一个航班。这两种类型一般采用电话方式,处理时必须遵循运营公司的政策和安全程序。出现在飞机上的炸弹威胁通常是旅客制造的炸弹威胁或机组人员在飞机上发现的匿名书面信息,如在卫生间的镜子上、垃圾袋上等地方。如果在空中遇到炸弹威胁,应立即通知驾驶舱,等待驾驶舱的下一步指示,具体处理由受过良好训练的安全员负责,客舱乘务员进行相关协助。对于客舱乘务员来说,不要触动或挪动炸弹;将旅客安排到离炸弹位置至少有4排的地方,如果这些位置已坐满,让这些旅客坐在安全区域的地板上;炸弹附近的旅客应用枕头、毛毯等保护头部,并且双手抱头;坐在座位上的旅客必须系好安全带,如有可能,头部应低于座椅头靠的顶端;旅客应调直座椅靠背,收好小桌板。

本章小结

通过本章的学习,学生能够掌握失压的类型及处置程序;明确客舱失火的灾难性并掌握处理程序（含不同地点）；掌握空中颠簸对飞行安全的影响及客舱服务时的注意事项；明确禁止托运或带进客舱的危险物品及相关要求；了解客舱发现爆炸物的基本处置程序。

知识拓展

锂电池限带提示：（依据《锂电池航空运输规范》MH/T 1020—2013）

1. 备用锂电池：额定能量不超过100瓦时或锂含量不超过2克的锂电池单个做好防短路保护，以航程所需数量为限，可随身携带登机。额定能量在100~160瓦时的锂电池，经承运人批准后且单个做好防短路保护，每人可随身携带2块登机。超过160瓦时的含锂电池设备及备用锂电池严禁随身携带或托运（图5-21）。

2. 移动电源（充电宝）：视为备用锂电池，乘机时只能随身携带。对于100~160瓦时移动电源（充电宝）经承运人批准后方可携带，且在飞行途中禁止使用其为电子设备充电；对于有启动开关的移动电源（充电宝），在飞行途中应确保其始终在关闭状态。超过160瓦时的移动电源（充电宝）禁止随身携带或托运（图5-22）。

图5-21　锂电池　　　　　　　　　　　　图5-22　充电宝

思考与练习

一、填空题

1. 重度颠簸发生时，客舱乘务员立即停止_____，坐在_____的座位上。

2. 客舱失压分为_____失压和_____失压。

3. 如果在空中遇到炸弹威胁，立即通知_____。不要触动或挪动炸弹，把旅客安排到离炸弹位置至少有_____远。

4. 失压发生时佩戴氧气面罩的顺序是_____、成年人和_____,或同时进行。

5. 厨房里常见的电气设备类起火包括_____和烧水杯起火。可用_____灭火器灭火。

6. 飞机上容易失火的地方包括_____、厨房、衣帽柜、_____、旅客座椅下、舱壁和整流器。

7. 首先发现失火的客舱乘务员担任_____的职责,通信员通过灭火区域附近的_____随时将客舱情况报告机长。

8. 锂电池失火可以用_____灭火器一直喷射直到电池降温到室温;或者用_____灭火器灭掉明火后持续用水浇降低到室温。

9. 失压发生时驾驶舱人员必须立即戴上_____,打开禁止吸烟和_____信号灯。

10. 典型的危险物品有下列特点:_____形状,上半部有危险品识别标志;登记和分类号在_____。

二、判断题

1. 当飞机座舱高度达到 14000 英尺时,氧气面罩会自动脱落。（   ）

2. 当烤箱失火时,客舱乘务员应迅速戴上氧气面罩,打开烤箱门,用海伦灭火器灭火。（   ）

3. 当客舱内发生火灾后,客舱乘务员应及时将火源附近的氧气瓶移走,以免发生意外。（   ）

4. 发生严重颠簸时,客舱乘务员必须马上回到乘务员座位坐好。（   ）

5. 根据中国民航局相关规定,乘机时每名旅客随身携带的化妆品容器的容积不能超过 50 毫升。（   ）

6. 客舱失火并伴有烟雾时,客舱乘务员应放下氧气面罩为旅客提供氧气。（   ）

7. 灭火时,担任通信员的客舱乘务员必须进入驾驶舱报告灭火进展情况。（   ）

8. 清舱检查中,发现可疑物品时,要马上将其拿下飞机。（   ）

9. 烧水杯失火后客舱乘务员应迅速关闭电源并向其内倒入冷水使其快速降温。（   ）

10. 在飞行中，飞行员使用机载雷达可预知晴空颠簸的发生。　　　　（　　）

三、简答题

1. 什么是失压？分为几种类型？客舱乘务员在处理客舱快速失压时应遵循哪些原则？

2. 灭火"三人小组"的职责是什么？

3. 怎样处理卫生间失火？

4. 颠簸产生的主要原因是什么？颠簸对飞行安全有哪些影响？

5. 请简述烤箱失火的处置程序。

第六章

特殊航线运行

❀ 素质目标

1. 培养学生安全意识和安全理念;
2. 培养学生树立正确的择业观和敬业精神;
3. 培养学生民族自豪感(西部建设、ARJ21)。

❀ 学习目标

1. 了解高原机场运行特点;
2. 掌握高原机场的分类及高原机场运行须满足的条件;
3. 掌握执行高原机场航班时客舱服务中需要注意的事项;
4. 掌握极地航路运行时增配的物品及备降时安全注意事项。

第一节 高原机场飞行

微课程视频
高原机场飞行

我国幅员辽阔,高原和山区占了很大比例。近年来,我国在建和拟建的高原机场数量逐渐增多,同时越来越多的航空公司已经加入或申请加入高原机场运行(图 6-1)。但是高原机场和高原航线有一定特殊性,高原机场海拔高、飞机性能衰减较大,再加上高原机场地形一般比较复杂,气象条件也是复杂多变,使得保证飞行安全的难度加大。目前国内专门适合高原运行的机型有 A319、A330、A340 和 B737-700。

图 6-1　高原机场

根据 2015 年 11 月 2 日中国民航局飞行标准司下发的《高原机场运行》(AC-121-FS-2015-21R1)的咨询通告,高原机场包括一般高原机场和高高原机场两类。一般高原机场是指海拔高度在 1524 米(5000 英尺)及以上,但低于 2438 米(8000 英尺)的机场;高高原机场是指海拔高度在 2438 米及以上的机场。我国的高高原机场主要分布在青藏高原。相对于低海拔平原地区,高原山区机场的建设和运行,有着很多的特殊性:地形、地貌、地质条件复杂,可用场地少,选址难度大,土石方工程量大,海拔高、空气稀薄,气象条件复杂等。

一、高原机场特点

高原机场海拔高,大气压力降低,空气密度减少,对人体的主要影响是引起大脑缺氧。另外,高原机场地形复杂,太阳辐射和向背阳地形受热不均匀,高原机场的气象有天气复杂多变、多大风天气、空气密度低等特点,这些都直接决定了飞机的爬升梯度(越障能力)、起飞、着陆重量、飞行性能受限较多,对航空公司的经济效益和社会效益影响较大;同时,恶劣的气象自然条件影响机场的航班正常率和机场放行率。高原机场地理环境复杂、海拔高(图6-2),技术上对导航设备台址的要求高,飞行程序设计工作量大,因信号遮蔽原因,在机场的新建、改扩建过程中,要找到一个满足要求的信号覆盖好的导航台址是相当困难的。高原机场通常不是建在山脊上,就是建在山坳里,这都在一定程度上限制了跑道的修建长度。

图6-2 拉萨机场

二、高原机场运行特点

高原机场的特殊地理位置和气象条件导致其运行有以下特点:

(1)相同的起飞、着陆重量,飞机的真空速要比平原大得多,在高原机场运行,发动机的推力明显减小,这两个不利因素叠加在一起,使飞机在高原机场起飞及着陆距离明显增加。

(2)高原机场发动机推力减小,空气动力变差,飞机的机动能力降低,飞机的爬升和越障能力变差,飞机空中加速、减速所需距离增长,转弯半径增大。

（3）高原机场海拔高，高空风通常很大，接近地面的空气因太阳照射导致向阳和背阴方向的受热不均匀，加上地形对风的阻挡、加速，使得高原机场经常出现大风，风速、风向变化也很大，极易形成乱流、颠簸和风切变。

（4）高原机场昼夜温差大，气象复杂多变，不同的高原机场有着各自不同的特点，如雷雨、暴雪、浓积云、雷雨云、低能见度、低温等，这些对飞行安全构成很大的威胁，对航班的正常性影响较大。

（5）高原机场往往又是地形复杂机场，机场周围净空条件差，导航设施设置困难，飞机起降、复飞操纵难度大。

（6）由于受地形的遮蔽和反射，高原机场无线电波产生多路径干扰；地面通信作用距离短，信号微弱；机场甚高频全向信标台/测距仪作用距离、覆盖范围较小，指示不稳定，仪表着陆系统在某些方位会有假信号产生。

由于高原机场存在以上诸多困难，再加上飞机在高原机场飞行操纵难度加大、机动性能较差，飞行员在高高原机场飞行易产生畏惧心理。另外，由于高原对人体生理的不良反应会使飞行人员认知功能下降和情绪改变，直接威胁飞行安全。根据航空医学研究，海拔高度 3550 米时，机组人员会出现较为复杂的脑功能损害和暗适应时间延长；在 3650 米高度时，记忆力开始受损。加之飞机在高原机场飞行操纵难度加大、机动性能较差，保证高原飞行安全存在较大难度。

三、航空公司高原机场运行须满足的条件

咨询通告《高原机场运行》进一步细化了 CCAR-121 部中有关特殊机场运行的要求，为合格证持有人进入高原机场运行及对在高原机场运行实施安全管理提供指导。

按照《高原机场运行》要求，一般情况下以非高原机场为主运行基地新成立的合格证持有人，连续运行一年或积累 500 个起落后方可在一般高原机场运行；以一般高原机场为主运行基地新成立的合格证持有人，在一般高原机场连续运行一年且至少积累 300 个起落后方可在高高原机场运行。为满足高原飞行对飞机巡航性能、起降性能、客舱失压时乘客安全保障的特殊要求，航空公司对所有执飞高原航线的飞机进行飞机轮胎、客舱供氧系统、飞机座舱增压系统和发动机动力系统等多项适

应性改装,如客舱满客情况下,客舱氧气系统必须能提供超过 55 分钟的氧气。

对执行高原机场航线的机组成员在年龄、飞行经历和身体状况等方面也有限制条件。实施高高原机场运行的一套飞行机组应至少配备 3 名驾驶员,除机长外其中还应包含 1 名至少具有 CCAR-121 部第 451 条规定的资深副驾驶资格的驾驶员。实施高高原机场运行的机长年龄不得超过 60 周岁,具备在一般高原机场 300 小时或以上的飞行经历时间,或者总计 200 小时或以上的机长飞行经历时间,方可进入一般高原机场运行担任机长;具备在本机型 500 小时或以上的机长飞行经历时间,并在以高高原机场为起飞或目的地机场运行 8 个航段或以上,其中在高高原机场不少于 3 个落地(不含模拟机),方可进入高高原机场运行担任机长;实施高高原机场运行的副驾驶应具备总计 500 小时或以上的飞行经历时间,其中包括本机型 100 小时或以上的飞行经历时间。飞机机组必须经过针对高原机场运行的理论培训(不少于 6 小时)和模拟机训练(不少于 4 小时)方可进入相应类别的高原机场实施运行。对于高高原机场,还需使用带有某一高高原类别机场视景和有效地形数据库的 D 类模拟机进行训练,重点为高高原机场飞行特点、起飞后一发失效应急程序。执行高原机场航班的飞行人员必须接受地面相关理论。

计划实施高原机场运行的合格证持有人或申请人的客舱乘务员训练大纲中应当包含针对高原机场运行的训练要求,训练应包括首次进入高原机场运行训练和复训。首次进入高原机场运行的训练内容分为理论培训和实际操作训练。理论培训(4 小时)包括高原运行政策及要求、高原航路飞行的特点、高原运行机上特殊应急设备要求、高原飞行客舱安全、高原救生及救援常识、高原疾病特征及一般处置;实际操作训练(4 小时)包括高原紧急释压处置和高原急救(外伤急救、心肺复苏和氧气瓶的使用)。除了上述培训外,机组人员还必须接受高原机场运行航空医学知识培训。合格证持有人在进入高原机场运行前应按训练大纲要求,完成客舱乘务员的首次进入高原机场运行训练,该训练可以单独组织,也可结合初始训练、转机型训练等训练类别进行。实施高原机场运行的客舱乘务员每二十四个日历月应参加一次合格证持有人组织的高原机场运行复训。

为保证飞行安全,合格证持有人应对当日执行高高原机场运行的飞行机组成员进行体格检查,重点检查心血管、呼吸系统机能,签发医学证明。对不适应高原飞行的人员及时更换。飞行人员参加高高原机场运行年飞行时间300小时（含）以上者,合格证持有人必须安排其进行年度健康疗养。

四、客舱服务要求

在预先准备阶段,飞行机组、客舱机组在各自准备的基础上再进行集体准备,由于高原航路地理特征,航班中颠簸现象与普通航路相比较更严重和频繁,客舱机组在准备会上应重点复习客舱失压应急处置程序。

在空中飞行阶段,飞行机组全程保留"系好安全带"信号灯处于接通状态。在遇到较为严重颠簸的情况下,飞行机组发出信号的同时应进行客舱广播,客舱乘务组要随时做好出现强烈颠簸的准备。由于高原气候多变,飞行中易出现颠簸,客舱乘务员在客舱服务时速度要比平常慢一些,在提供热饮服务时,为避免随时可能出现的颠簸导致客舱乘务员和旅客受伤的可能性,客舱乘务员送热饮的量应比正常供应量稍少一些。另外,客舱乘务员应加强客舱巡视,注意观察旅客情况,对于旅客身体不适的情况及时做出处置（表6-1）。

不同高度急性高空缺氧对人体的影响　　　　　　　　表6-1

区名	高度（米）		缺氧严重程度
	呼吸空气	呼吸氧气	
无症状	0~3000	10000~12000	轻度
代偿	3000~5000	12000~13000	中度
障碍	5000~7000	13000~14000	重度
危险	7000以上	14000以上	严重

知识拓展

世界范围内主要的高原机场位于中国、尼泊尔、墨西哥、埃塞俄比亚、秘鲁、玻利维亚、厄瓜多尔等国家。截至2021年底,我国共有已投运高原机场19个,高高原机场20个,其几乎全部分布在西南地区和西北地区,其中稻城亚丁机场海拔4411米,为世界海拔最高的机场。高原机场不仅为当地带去人气,推动经济社会发展,还显著改善了中西部地区交通条件,为建设交通强国发挥重要作用。

第二节 极地航路飞行

微课程视频
极地航路飞行

极地航路是指穿越极地区域的飞行,是沿经度的竖直方向飞行。极地运行是指使用穿越北极区域——北纬78度以北的区域。

从1996年开始,IATA协调美国、加拿大、俄罗斯、蒙古、中国等国空域管理部门,经过多轮磋商,解决政策、法规、财政、技术等问题,共同开辟了4条跨越北极地区上空连接北美和亚洲的新航路,即极地航路。4条极地航路的两端与上述国家空域内的辅助转换航路相衔接,以满足主要城市间的往返飞行需要。它们是连接北美和东亚、东南亚、南亚的飞行距离和时间最短、最具效率、无须中途落地经停的直飞航路。我国是所有4条极地航路航班的必经之地,在中俄、中蒙边境共开辟了7个进出境点并建立了相应的转换航路,通过它们可以飞行4条极地航路中的任何一条。极地飞行可缩短航程,减少高空风的影响,不经停直航能节省燃油、起降费用。为航空公司节约成本。允许航空公司极地航路飞行时多点进出和灵活选择航路,将给航空公司带来巨大收益。飞越这个区域可以缩短亚洲到北美东海岸的时间,如中国至美国东海岸航线走极地航路,一个航班可节省燃油费用10多万元。极地飞行还可减少高空风影响,减少飞行颠簸,提高安全系数;空中通道十分宽敞,保证航班正点。

目前飞机的最大航程一般不超过16小时。以北京往返纽约的试验飞行为例,使用极地航路,整个飞行时间只需13小时;而使用传统的跨越北太平洋的航路,则超过17小时,飞机必须中途落地补给。以芝加哥至上海航线为例,一个航班可以降低飞行成本约15万元,包括中转时间在内,全程旅行时间大约可缩短3小时,乘客可以买到更优惠的机票。从1998年开始,极地航路开始试验飞行,从2001年开始,极地航路转入正式运行阶段。2001年5月31日上午10点多,芝加哥直飞上海的MU588航班徐徐降落在上海浦东国际机场,这是中国民航首次穿越北极上空极地航路、首次实现中国与美国东海岸之间的航班不经停直航。这一创举掀开了中国民航史的崭新一页,也为中国民航客机飞越极地航路积累了宝贵经验。随着我国实施新的《极地航路飞行管理办法》,极地航路最终进入完全商业化运行阶段。目前,每天往返极地航路的航班已达几十班次。

北极地区常年冰雪覆盖,对流层高度与中纬度相比较低,对流层顶高度平均只有8~9千米,而在极地航路上飞行的飞机,其巡航高度大多在对流层以上平流层内,所以宇宙辐射对飞行影响较大,会干扰飞机的磁罗盘,航线上的低温会造成燃油结冰。另外由于地理位置和气候条件,地面导航设备稀少,通信管理十分薄弱;浮冰的镜面反射对机载气象雷达的干扰、反光强烈。由于以上气象条件,航空公司签派放行前,要根据宇宙辐射实况、24小时预报、3天预报、7天预报的组合,经分析在航班的有效时段内,如果地磁风暴等级可能会达到或超过G4级,或太阳辐射可能会达到或超过S3级,或无线电失效,航班都不能采用极地航路。

由于气候缘故,所有执行极地飞行的航班必须增配以下设备:自动体外心脏除颤仪(AED),极地专用防寒设备;扩充的急救药箱(如润眼液、抗紫外线防护霜、抗防冻膏)等。在飞行直接准备阶段,客舱乘务员除完成通常航线各项工作和设备检查外,还必须检查确认增配的设备。

如果不得不在极地航路备降(图6-3),所有人员必须停留在飞机上。机长通知乘务长需要打开的机门(通常只打开一个机门,选择背风一侧的机门)。开机门前客舱乘务员应调整机门口旅客的座位;负责开门的客舱乘务员须穿好保暖衣服,戴好保暖手套并保持手套内干燥;开门后确认防风锁锁好,尽可能让旅客不要靠近机门;拉下遮光板,减少辐射影响;通知旅客采取保暖方法;合理使用机上食品、饮料,不提供酒类饮料;禁止吸烟;补充机组人员、旅客的安全和供应品;主任乘务长要了解旅客、机组人员是否需要离开飞机。

图6-3 极地飞行

本章小结

通过本章的学习,学生能够区别一般机场、高原机场和高高原机场的差异,熟悉并掌握高原机场和高高原机场主要特点和运行要求、执飞高原航线航班时客舱安全和客舱服务中的重点;了解极地航线的优点和缺点以及极地迫降时的注意事项。

思考与练习

一、填空题

1. 高原机场包括 _____ 机场和 _____ 机场两类。

2. 一般高原机场是指海拔高度在 _____ 至 _____ 米的机场。

3. 高高原机场是指海拔高度在 _____ 米及以上的机场。

4. 由于高原气候多变,_____ 现象比普通航路更为严重和频繁,所以信号灯全程处于接通状态。

5. 在高原航线空中飞行阶段,客舱乘务组要随时做好出现 _____ 的准备,而且旅客容易出现 _____ 等身体不适的现象。

6. 飞机在高原机场起飞及着陆距离明显 _____。

7. 高原飞行时,如客舱满客情况下,客舱氧气系统必须能提供超过 _____ 分钟的氧气。

8. 由于高原航班的特点,客舱机组在提供热饮服务时应 _____。

9. 极地运行是指使用穿越北极区域——北纬 _____ 度以北的区域。

10. 执行极地飞行的航班必须增配 _____,基地专用防寒服,扩充的 _____。

二、判断题

1. 我们把海拔高度超过2000米的机场叫作高原机场。（   ）

2. 执行高原机场航班的预先准备会应重点复习客舱释压应急处置预案。（   ）

3. 执飞高原航线的飞机客舱满客情况下客舱氧气系统必须供氧至少55分钟。（   ）

4. 执行高原航班的客舱乘务员必须接受高空缺氧对人体影响和机体反应等知识的培训。（　　）

5. 执行高原机场航班的客舱机组成员必须接受12小时的专门培训，其中4小时理论培训，8小时高原急救培训。（　　）

6. 执行高原航班任务时，空中平飞阶段，客舱乘务员应适当减少与增加适量的正常联络。（　　）

7. 高原航线空中服务过程中送热饮的规定比正常供应量稍少一些。（　　）

8. 高原机场气象复杂多变，有明显的时间差异，还存在地域性和局部性特征，对航班的正常性影响较大。（　　）

9. 极地航路是指穿越北纬70度以北、沿经度竖直方向的飞行。（　　）

10. 如果在极地航路备降，所有旅客应待在客舱里。（　　）

三、简答题

1. 高原机场运行的主要特点是什么？
2. 执行高原机场飞行的客舱人员必须经过哪些培训？
3. 执行高原机场航班时客舱服务中应注意哪些事项？
4. 和其他航线相比，极地飞行面临哪些困难？
5. 极地飞行的航班需要增配哪些物品？

Cabin Safety

第七章

紧急撤离

❖ **素质目标**

1. 培养学生安全意识和安全理念;
2. 培养学生责任感、使命感及职业操守;
3. 培养学生团结协作的工作作风。

❖ **学习目标**

1. 掌握有准备的陆地撤离程序和有准备的水上撤离程序;
2. 掌握乘务员和旅客的防冲击姿势;
3. 掌握援助者的主要职责。

当空中紧急情况发展到难以控制的时候,机组人员将采取紧急着陆,以最大限度保证机上人员和飞机的安全。无论是有准备还是无准备的陆地或水上迫降,机组人员应明确各自的职责,随时保持警戒,保持机组间良好的沟通与协作,严格按照程序要求,在紧急情况发生时能做出准确判断;同时,紧急撤离时可能会造成旅客恐慌,客舱乘务员必须具备沉着冷静的心理素质和能够迅速控制局面的能力,保证客舱秩序,这样可以将迫降带来的伤亡概率降到最低。要记住慌乱和拥挤可能会导致更多不必要的伤亡。

为保证和保持客舱乘务员应急处置能力,中国民航局在 CCAR-121 部中明确了客舱乘务员初始培训和年度复训科目。航空公司也在飞机上配备了客舱应急检查单,检查单里包含了不同情况下的撤离程序和优先程序,有效帮助客舱乘务员完成客舱里的各项准备程序,不会有任何遗漏。

近年来国际上发生的重大飞行事故中,由于客舱乘务员训练有素,多次避免了机上人员重大伤亡。成功案例有:2006 年 8 月,法国航空 A340 飞机在加拿大多伦多皮尔逊机场冲出跑道后飞机爆炸,机上 309 人包括机组人员成功撤离飞机,无人死亡;2009 年 1 月,全美航空 A320 飞机在美国纽约哈德逊河水上迫降(图 7-1),机上 153 名机组和旅客成功得救。

图 7-1　全美航空 A320 飞机水上迫降

不管在正常还是紧急情况下,机上都由机长全权负责,所有人员必须听从机长指示。紧急撤离时,一旦机长或其他机组成员丧失行为能力时,则按以下顺序确定指挥权接替人：责任机长、第二机长、副驾驶、主任乘务长、乘务长、按资历自上而下排列的所有其他乘务员。

根据机上发生紧急情况的严重性、机长可用的准备时间和迫降地点，撤离分为（图7-2）。

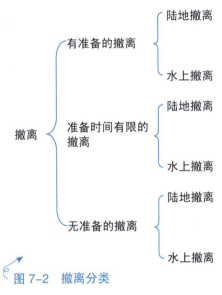

图7-2 撤离分类

第一节 有准备的撤离

微课程视频

紧急撤离

一、有准备的陆地撤离

有准备的陆地撤离是指准备时间通常在10分钟以上，使飞机、飞行机组、客舱机组和机场工作人员有较充足的时间做准备，以便将紧急迫降对机上人员所带来的危害降到最低。

当紧急情况发生并无法控制需要迫降时，机长会采取紧急着陆或迫降。国内各航空公司客舱准备程序存在一些差异，大致如下（表7-1）。

客舱准备程序　　　　　　　　　表 7-1

机组间的沟通与协作	机长和乘务长
	乘务长和客舱乘务员
对旅客广播	客舱安全检查（如松散物品、安全带、小桌板、遮光板、尖锐物品、高跟鞋）
	防冲击姿势演示
	出口位置指示
	安全须知卡（若时间充足）
	选择出口援助者
最后准备	重新检查客舱/服务舱
	调暗客舱灯光
	报告机长
客舱乘务员个人准备	穿上制服
	取下尖锐物品
	确认应携带物品的位置
	系好安全带和肩带
	做好防冲击准备
	静默撤离程序

1. 机组之间的沟通与协作

机长通过内话系统或其他预先约定好的方式紧急呼叫或广播呼叫乘务长到驾驶舱，乘务长应带好纸和笔迅速进入驾驶舱了解和记录以下重要信息：飞机遇到的紧急情况的种类、迫降地点或环境、客舱准备时间、防冲击命令发出的方式、撤离命令发出的方式、特殊指示（如飞机的状态或天气情况）等。当机长告知完毕后，乘务长应重复机长指令以确认没有理解错误，离开驾驶舱前还应与机长校对时间。

乘务长回到客舱后立即用内话方式或客舱乘务员预先约定的广播方式呼叫全体客舱乘务员集中（客舱里应有至少一名客舱乘务员监控），向所有乘务员传达机长指示，确定紧急撤离客舱准备计划，明确各号位客舱乘务员职责并安排准备工作。

2. 对旅客广播

当飞机发生紧急情况、需要旅客配合机组成员做好迫降和撤离的准备工作时，需要全程对旅客进行广播，讲解、说明具体情况和准备要领，同时必须有客舱乘务员在客舱演示并帮助旅客，以确保所有旅客都能正确理解并做到。

如果有可能，机长可以在乘务长广播前做机长广播以安定旅客情绪。一般情况下乘务长使用中英文对旅客广播，语气坚定、语速适中，让旅客明白现在所面临的紧急情况及机长的决定,不要恐慌,相信机组。广播在关键地方稍有停顿和重复,让客舱乘务员有时间演示并检查旅客是否按照演示进行准备动作。广播前必须将客舱内的所有灯光打开到最亮,拉开隔帘,打开遮光板,关掉娱乐系统。如果旅客广播系统出现故障,乘务长也可使用扩音器进行广播。

客舱准备是迫降准备中极为关键的一步,它对旅客安全、迅速撤离至关重要,因此,在时间许可的情况下,应最大限度做好一切客舱准备。全体客舱乘务员应明确分工,团结协作,要充分认识到紧急情况下旅客的行为与客舱乘务员的行动和指导直接相关,客舱乘务员的训练有素、自信果断以及清楚的指令有助于对旅客的管理和安全快速的撤离。

在乘务长广播前,客舱乘务员应快速整理和固定厨房设备,关闭厨房电器电源并拔出所有设备的跳开关,固定好厨房里的松散物品,包括固定餐车,扣好锁好烤箱、烧水壶等服务用具,将散放在厨房里的餐盒、饮料等收藏在可封闭的储藏空间内。

（1）客舱安全检查

对客舱进行安全检查时,要求所有旅客必须回到座位坐好,调直座椅靠背、收好小桌板、系好安全带,坐在舷窗旁的旅客打开遮光板。乘务长广播暂停时客舱乘务员要认真检查旅客是否已按要求完成,确定过道和出口没有任何障碍物和旅客行李。

要求全体旅客取下包括发夹、首饰、胸针、笔类等尖锐物品（图7-3）,同时还应取下领带、丝巾等物,脱下高跟鞋,并让旅客松开衣领。

注意:眼镜、假牙和助听器在最后客舱检查时取下。其他物品应让旅客存放在行李内,或放在头顶行李舱内。若旅客有外套,应让他们穿戴上。

（2）防冲撞姿势（安全姿势）演示

伴随着对旅客的广播,客舱乘务员

图7-3 尖锐物品

应在客舱中明显的位置处（如坐到椅背上或站在过道里进行至少两种安全姿势演示，然后逐一指导，帮助旅客选择最合适的安全姿势。

国际民航组织2018年颁发的10086号文件《关于旅客安全的信息和说明的手册》对旅客和客舱机组的防冲击姿势进行了修订。中国民航局飞行标准司2019年1月25日发布的咨询通告《客舱运行管理》（AC-121-FS-2019-131）附件一第四条"防冲击姿势说明"，对只配备带式安全带的前向旅客座椅，建议旅客防冲击采用如下姿势（图7-4）：

①紧靠座椅靠背。
②系紧安全带，防止因安全带未系紧而向前滑动，安全带不应扭曲。
③下巴紧贴胸部。
④向前弯曲。
⑤把头抵在前面座椅的椅背上。
⑥将手放在头顶或将手臂放在小腿的两侧或抱住小腿（抱住小腿可以提供更稳定的位置）。
⑦将脚平放在地板上，尽量向后。
⑧如果乘客坐在靠舱壁排或不能触及前方座椅的座位时则，向前弯曲，双手放在头顶；或向前弯曲，将手臂放在小腿的两侧或抱住小腿。

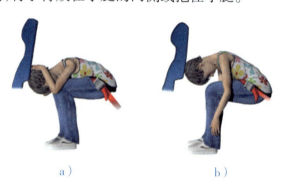

图7-4　朝向机头方向的旅客座椅的防冲击姿势，仅配备带式安全带

根据国际民航组织2018年颁发的10086号文件《关于旅客安全的信息和说明的手册》，此防冲击姿势不适用于排距小于71厘米（28英寸）的经济舱座位。

①当采用防冲击姿势时，旅客应避免如下姿势（图7-5）：旅客应避免头部向后倾斜，也就是说，颈部不应该伸展，而是应该向前弯曲，以减少颈部和/（或）喉部受伤的风险；旅客不应该把头搁在交叉的前臂上，这会使前臂断裂；旅客不应该把头靠在手

上,这会使双手和手指断裂。

图 7-5　采用防冲击姿势时应避免的位置

②错误的防冲击姿势会增加受伤风险。旅客应避免直立姿势,因为头部在二次碰撞时可能撞到前面。旅客应避免伸出他们的胳膊或腿,并按压他们面前的表面。乘客还应避免用身体保护相邻座位上的另一名乘客,或协助另一人保持支撑位置,这可能增加受伤的风险。如图 7-6 所示。

图 7-6　不可接受防冲击姿势的示例

注意:其他类型座位的防冲击姿势请参考制造商推荐的方法。

对于婴儿和儿童来说,父母或监护人在飞机加速或减速、颠簸或冲击期间,无法在身体上约束婴儿或儿童。因此,体重小于 26 千克(约 57 磅)和身高小于 125 厘米(约 49 英寸)的婴儿和儿童可以在飞机上使用经批准的儿童限制装置(CRS),占用单独座位。在紧急降落或迫降时,婴儿或儿童可以在 CRS 中得到保护。但 CRS 目前不是强制要求。

孕妇、身体受限旅客或受空间限制的旅客(此处缺乏实验测试数据,仅为医学与工程专家的建议)防冲击姿势为:

①紧靠座椅靠背。

②将安全带系在低处并系紧;不得扭曲;确保安全带在腹部以下。

③尽可能宽地分开腿,身体向前弯曲。尽量靠在前面的座位上。

④将手放在头的后面,两手交叠,不要交叉手指;肘部缩紧,或者把手臂放在小

腿的侧面。

⑤如果前方没有座位,弯腰,双手放在头后面,或者把手臂放在小腿两侧,抱紧小腿。

⑥如果可能的话,将脚平放在地板上,腿的后部稍微向后倾斜。

残疾人可根据其个人需要使用旅客安全带或残疾人约束系统,例如骨科定位装置。身体健康人员或者残疾人随行人员应当采取适当的防冲击姿势,在撤离开始前不因帮助残疾人而改变防冲击姿势。

(3)出口位置指示

客舱乘务员通常可直接按各公司乘务员手册上的"撤离区域划分预案",将旅客分成若干组进行撤离。客舱乘务员必须要和负责区域的每位旅客确认他们是否都明确两个离自己座位最近的出口,以及当最近出口失效时,另一个较近的出口在什么位置。

(4)安全须知卡

旅客前面的座椅口袋里都有安全须知卡,要求旅客认真阅读;如果有任何疑问,马上询问旁边的旅客或客舱乘务员。

(5)选择援助者

选择援助者的原因是需要有人在出口处协助客舱乘务员撤离旅客。在选择援助者时首选以下人员:加机组的空勤人员、航空公司雇员、军人、警察、消防员和执法人员。除此之外,还可以选择身强力壮的、单独旅行的旅客作为援助者。理想的情况是每个出口选择至少三名援助者。

三名援助者的主要职责是:在舱门开启和滑梯充气时面向客舱挡住涌来的旅客;当客舱乘务员不能打开舱门时帮助开门;如果该出口不可使用时,如何重新引导旅客;撤离期间如何在滑梯底端帮助其他旅客。客舱乘务员应向一位援助者介绍舱门操作方法、滑梯人工充气方法、出口选择判断、组织撤离时援助者的安全位置以及撤离口令。客舱乘务员给援助者交代任务时务必简短、明了,不要使用专业术语。切记要告诉援助者解开客舱乘务员安全带的方法,以便当客舱乘务员受伤时知道如何把客舱乘务员带下飞机。介绍完毕后,要求援助者重复自己的职责以确认他们已明白自己的分工。

客舱乘务员还应安排其他援助者帮助撤离时需要帮助的旅客,首先需要帮助的残疾旅客有轮椅旅客、担架旅客、盲人旅客,然后是行走有困难的旅客、老年旅客、孕妇旅客、无人陪伴儿童、视觉/听觉有障碍的旅客、生病的旅客。调整旅客和援助者的座位。指示援助者帮助这些旅客到达出口以及跳滑梯的方法。

（6）最后准备

在完成所有的准备工作后，客舱乘务员应对照应急撤离准备检查单逐一确认所有准备工作完毕，要求旅客取下眼镜、假牙和助听器。最后将客舱灯光调到暗亮，以让旅客适应黑暗的环境。在完成所有准备工作及客舱和厨房检查后，报告乘务长，乘务长向机长报告客舱准备完毕。

（7）客舱乘务员个人准备

取下身上的各类尖锐物品及领带与丝巾，松开衣领，脱下高跟鞋，并去除尼龙丝袜，弄湿头发，以防被火引燃。确认手电筒及撤离时应携带的物品的位置。在客舱乘务员折叠座椅上坐好，系紧安全带和肩带。最后再次回顾撤离分工并静默撤离程序，做好防冲撞姿势的准备。

实操视频

客舱乘务员
防冲击姿势

根据中国民航局飞行标准司2019年1月25日发布的咨询通告《客舱运行管理》（AC-121-FS-2019-131）附件一第四条"防冲击姿势说明"，客舱乘务员的防冲击姿势分为两种。

①面向机头方向的客舱乘务员：确保上背部和下背部紧靠座椅靠背；系紧安全带和肩带，确保安全腰带在臀部保持低位，并按制造商的说明正确地定位锁扣，安全带不应扭曲；将下颌置于胸部；将手放在大腿上；将脚和腿稍微分开；如果前方没有舱壁，尽可能伸展腿，将脚平放在地板上；如果前方有舱壁，将脚平放在地板上，向前直到脚尖碰到舱壁（不要将脚踩到舱壁上）。如图7-7所示。

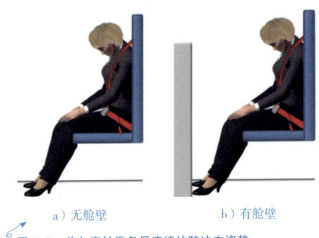

a）无舱壁　　　　b）有舱壁

图7-7　前向客舱乘务员座椅的防冲击姿势

②面向机尾方向的客舱乘务员：确保上背部和下背部紧靠座椅靠背；系紧安全带和肩带，确保安全腰带在臀部保持低位，并按制造商的说明正确地定位锁扣，安全带不应扭曲；向后倾斜并保持头部紧靠靠背或头枕；胸前交叉手臂（不要握住肩带）；将脚和腿稍微分开；将脚平放在地板上；保持膝盖弯曲90度。如图7-8所示。

图7-8 面向后方客舱乘务员座位的防冲击姿势，没有舱壁

3. 紧急着陆前

当飞机飞行高度为500英尺（约150米）时，如果情况允许，机长广播通知全体人员采取防冲击安全姿势，客舱乘务员立即采取安全姿势，并用中英文交替向旅客发布防冲撞口令，防冲击姿势一直保持到飞机完全停稳。

4. 地面撤离程序

飞机停稳后，当听到机长发出乘务员各就各位口令时，控制客舱；如果应急撤离灯没有自动打开，立即使用乘务员面板上的应急灯开关将应急灯打开。当听到撤离指令或看到撤离信号时，立即组织旅客撤离。要监控旅客的撤离速度，随时注意情况的变化，如有火或滑梯破损，重新引导旅客到最近可用的出口撤离。

（1）确认出口

开门前应对机门外情况进行观察以确认出口状况。确认舱门附近没有出现机体结构性损伤、失火、障碍物、机门处的燃油等状况；确认飞机迫降的姿态，不同的迫降姿态（前/主起落架收起、所有起落架收起、侧趴）会导致滑梯的坡度或长度不适宜撤离,从而影响出口的选择。在收起起落架着陆的情况下,某些机型出口离地很接近时,在启用出口之前应当解除机门预位/待命;在部分收起起落架着陆的情况下,某些出口因为离地过高,导致滑梯过于陡直而不能正常使用;当飞机机腹着陆时,原则上除翼上紧急出口外其他所有出口都可以使用。

（2）打开出口

确认可用出口后,舱门开启前一定要确认舱门处于预位/待命状态。为确保滑梯在第一时间充气,打开舱门时应快速拉动位于滑梯顶端的红色人工充气手柄。客舱乘务员打开舱门时,先封住舱门几秒钟,等待滑梯充气,当一个出口无法打开或使用时,客舱乘务员须重新把旅客引导到另一个可用的出口。为防止旅客擅自使用失效出口,其旁边应有专人守护。如果附近的出口无人操作,客舱乘务员应立即前往那个出口,在确定该出口可以使用的情况下,立即打开出口,指挥旅客撤离。

（3）组织撤离

在滑梯充气过程中,客舱乘务员应注意封门。滑梯充气完毕后,迅速退到一侧,面向客舱,立即指挥旅客撤离。如果应急照明失效或客舱充满烟雾,立即拿上手电筒,伏下身,打开手电筒,照射附近的地板并来回晃动,指挥旅客朝灯光方向走。

紧急撤离时告诫旅客不要携带任何行李,行李固然很贵重,但生命永远是最宝贵的。从行李舱内取行李,拎着行李逃生会堵塞通道,减缓撤离速度,也易挤伤人。跳滑梯时,行李会划破滑梯,滑梯漏气,造成的伤害会更大。

客舱乘务员确认滑梯完全充气并且处于安全状况后,派两位援助者先下滑梯,在滑梯底端两侧帮助其他旅客离开滑梯,并指挥旅客向上风侧跑。此时客舱乘务员应指导旅客跳滑梯撤离。抱小孩的旅客、儿童、老人和孕妇采取坐滑的姿势撤离飞机;伤残旅客,根据自身的情况,采取坐滑或由援助者协助坐滑撤离。如果滑梯未能完全充气或使用中漏气,时间充足且计划可行时,将滑梯改作软梯使用,并重新引导旅客使用。整个陆地撤离程序应在飞机停稳后90秒内完成。

滑梯充气后并不是想象中那么柔软,人的手部、脸部与滑梯表面材质摩擦时极易被擦伤。正常人从滑梯撤离,应双臂平举,轻握拳头,或双手交叉抱臂,从舱内跳出落在梯内时手臂的位置不变;双腿及后脚跟紧贴滑梯面,收腹弯腰直到滑到滑梯底迅速离开（图7-9）。

第七章　紧急撤离

图7-9　正常旅客跳滑梯姿势

实操视频

跳滑梯动作演示

指导援助者在滑梯的底部协助旅客撤离，并指挥大家沿风上侧远离飞机200米。当机外情况复杂时，应至少派一名机组成员先下飞机，以便给予旅客必要的指导。当客舱乘务员确认负责区域的所有旅客已全部撤离飞机后可从就近的出口撤离。乘务长协同机长对整个客舱作最后全面的检查，确认所有旅客和机组成员已全部撤离，最后从就近的出口迅速撤离。

紧急情况发生时客舱乘务员自我情绪和旅客情绪的管理都非常重要，任何惊慌都会影响到客舱秩序，妨碍撤离。旅客面对紧急情况时会感觉到紧张不安、惊慌失措，甚至绝望，他们已不能理性思考，失去了正常的分析和判断能力，他们的思维和行动都处于僵滞状态，他们或者大哭大叫、乱跑乱串，或者变得痴呆起来，无法配合客舱乘务员快速撤离。他们的表现不仅会使自己陷入危险境地，还会干扰其他旅客，加剧其他旅客的茫然心理和从众心理，从而使客舱秩序变得更加混乱，难以疏导和控制。客舱乘务员受过良好的专业培训，熟悉所有紧急情况的处置程序，因此在指挥旅客撤离时应沉着冷静，动作果断，口令清楚响亮，有效控制旅客的撤离方向和速度。

（4）撤离后

如果迫降地点远离城市和救援，撤离时全体乘务员应带上旅客舱单、急救药箱、应急定位发射器、扩音器、手电筒和乘务员手册，同时应尽可能多地带上各种必要设备、饮料、食品、毛毯等。

将旅客集中清点人数，并对受伤严重者提供急救，严禁旅客返回客舱。将幸存者分成几个组,每组最好由一名机组成员负责。如果飞机状态安全可以返回机舱,客舱乘务员取出机上的有用物品,如应急设备、食品和水,还可把滑梯卸下来搭建掩体。

> **知识拓展**
>
> 当飞机紧急着陆时,常常会伴随着一次或多次猛烈的冲击,这种冲击极有可能带来人员的伤亡。而在接地的那一瞬间使用防冲撞姿势,可以有效地减少冲击给身体带来的猛烈晃动,最大限度地保护人员安全。对于有计划的紧急迫降,当驾驶舱发布指令时,应即刻做好防冲撞姿势。对于意料之外的紧急情况,有可能驾驶舱没有发布指令,客舱乘务员应该始终准备向旅客发出指令。所有的防冲撞姿势应当一直保持到飞机完全停下为止。这个姿势是为了防止冲击发生时腿因摆动而撞伤,并减少头部受重伤的危险。

二、有准备的水上撤离

水上迫降是指飞机在有控制的状况下,在水中进行着陆。原则上来讲,当飞机在水上迫降时,即使机体结构没有受到任何破坏,客舱乘务员也应迅速组织旅客撤离。飞机应该在触水后下沉,然后迅速上浮,并可在水面上漂浮30分钟以上。但是,水并不是一个静止的表面,通常来说,水上迫降会导致机身结构严重受损甚至解体,因此,无论情况怎样,要尽快离开飞机。另外一个重要因素是旅客落水后水温对人生命安全的威胁。海洋表面的水温年平均温度不超过20℃,有30%的海洋表面水温在4℃以下。寒冷的水温会严重影响人的生命,水温较低,人在10分钟内开始出现体温过低症状,症状会引起旅客恐慌和休克,导致严重的肌肉紧张,从而导致心跳停止。

有准备的水上撤离客舱准备程序在舱门打开前和陆地撤离前的程序几乎一样,但要增加救生衣的演示。客舱乘务员救生衣演示在防冲撞姿势演示之后,此时要求旅客穿上救生衣,指导旅客正确穿戴并确认救生衣没有被套在安全带中;对婴儿救生衣和需要帮助的旅客进行单独指导;最后必须确认所有旅客都清楚离开舱门时才能给救生衣充气。需要注意的是,水上撤离时旅客需要脱掉鞋子,交给客舱乘务员保管。向援助者介绍其分工时,除告诉其舱门操作方法和滑梯/救生筏充气方式外,还应告诉他们怎样让滑梯/救生筏与飞机分离以及旅客登筏后的安全坐姿。

> **案例** 1996年11月23日,埃塞俄比亚航空961号航班被3名寻求政治庇护的埃塞俄比亚人劫持,在接近科摩罗的印度洋因燃料耗尽,机长决定在离Le Galawa海滩500米的海上进行水中着陆,左边的发动机和机翼首先落入水中导致机身解体。水面迫降前,机长曾以广播指示旅客穿上救生衣,并不要充气,但不少旅客已将救生衣充气。当飞机坠海时,机舱随即入水,已将救生衣充气的旅客因为浮力被卡在天花板上无法逃生,被困在舱内溺死。机上175名乘客和机组人员中,有125人死亡。

有准备的水上撤离客舱准备程序大致如表7-2所示。

客舱准备程序　　表7-2

机组间的沟通与协作	机长和乘务长
	乘务长和客舱乘务员
对旅客广播	客舱安全检查(松散物品、安全带、小桌板、遮光板、尖锐物品、鞋子)
	防冲击姿势演示
	救生衣演示
	出口位置指示
	安全须知卡
	选择出口援助者
最后准备	重新检查客舱/服务舱
	调暗客舱灯光
	报告机长
客舱乘务员个人准备	穿上制服
	取下尖锐物品
	确认应携带物品的位置
	做好防冲击准备
	静默撤离程序

水上迫降可以分成三个阶段:撞击阶段、撤离阶段和救生阶段。

1. 撞击阶段

当机长发出"500英尺"口令时,乘务员立即采取安全姿势,用中英文交替向旅客发布防冲击口令:"低下头!紧迫用力!"(Brace!)。防冲击姿势一直保持到飞机完全停稳。

2. 撤离阶段

打开舱门前客舱乘务员需通过观察窗或舷窗判断:出口附近是否无烟、无火、无障碍、无燃油泄漏;飞机处于漂浮或下沉状态;飞机是否有结构性破损;出口是否被水淹没等。当客舱乘务员确认可用出口后,快速操作舱门,在滑梯/救生筏或救生船充气过程中注意封门;同时高喊:"解开安全带!(站起来!)""不要带行李!"待滑梯/救生筏或救生船充气完毕后,迅速退到专用辅助区指挥旅客撤离。先让两名援助者登筏或登船,协助、引导其他旅客登筏或登船,要求旅客登筏时救生衣充气。旅客在筏里或船里相向而坐或均匀分布坐下,如果旅客需要移动位置时,告知他们应当爬行。在所有旅客登筏之后,客舱乘务员拉出断开手柄,割断系留绳,然后把滑梯/救生筏顺水划至远离飞机的安全地带(图7-10)。注意清点旅客人数。

图 7-10　滑梯/救生筏

如果打开舱门,发现出口不能使用时,挡住出口并重新把旅客引导到其他出口处,使用适当的指令:"这个出口不能使用!走那边!"(No exit! Go that door!)

如果在客舱里能看见水或水已漫进客舱,客舱乘务员应立即执行旅客撤离,穿上机组救生衣,向旅客发布指令:"解开安全带!"引导旅客从最近的出口离开飞机,抓住任何可以让他们漂浮的物品,如坐垫,让旅客跳入水中,并迅速将滑梯/救生筏或救生船与飞机脱开。

如果可以使用翼上紧急出口，把防滑绳或救生绳取出固定在机翼表面的环里。让旅客抓住防滑绳或救生绳走到机翼上，救生衣充气。如果援救人员马上就到，可以让旅客站在机翼上等待救援。

如使用的是圆形救生船（图7-11），则需要有2~3个人把圆形救生船搬到出口处。搬动圆形救生船时，绳扣一侧向上。此时应提醒援助者小心提防红色把手，以防圆形救生船在客舱内充气。如在舱门处使用，把圆形救生船的连接绳牢固地连接在飞机某固定装置上，如座椅下面的防滑杆上。如在应急窗口处使用，把窗口上或行李架内的脱离绳连接到机翼的连接点上。把圆形救生船的系留绳系到脱离绳上。直接把圆形救生船投入水中。猛拉系留绳，使救生船充气，充气可能需要15~20秒的时间。拉动圆形救生船，使其靠近飞机，注意避开任何尖锐物品。当旅客登船后，割断系留绳并把圆形救生船顺水划至远离飞机的地带。

图7-11　圆形救生船

当使用滑梯作浮板时，拉动断开手柄，使滑梯与飞机脱离。让旅客从飞机上跳入水中。把滑梯正面朝下翻转，把受伤的成年人和儿童安置在滑梯之上并固定好。其他旅客应当待在水中，抓住滑梯两侧的救生绳。最后，割断系留绳，让滑梯与飞机完全脱离。

最后检查客舱，客舱乘务员应确保所负责区域的旅客已完全撤出后，从自己负责区域的出口撤离。乘务长应协同机长对整个客舱进行全面检查，检查结束后返回左一门撤离。

客舱乘务员撤离时应带上旅客舱单、急救药箱、应急定位发射器、麦克风、手电筒、乘务员手册和收集的鞋子，并确认机组成员已全部撤离。尽可能多地带上各种必要设备、饮料、食品、毛毯等。一旦撤出飞机,立即割断系留绳,将滑梯/救生筏与机体完全断开。一旦与飞机脱离后,客舱乘务员指挥旅客把滑梯/救生筏划到没有障碍物和飞机的下风区域,离开被燃油污染的水面或有飞机残骸的区域。当滑梯/救生筏离开飞机残骸区域后,客舱乘务员应该抛锚以避免滑梯/救生筏随海水漂流,否则将给救援人员确定生还者的位置带来困难,滑梯/救生筏一天可漂流160千米。

3. 救生阶段

客舱乘务员使用应急定位发射器、信号筒、燃烧弹、海水着色剂等发出求救信号。如果旅客在水中等待救援,客舱乘务员应告诉他们分组抱成团,形成一个圈并面向中心,这样可以保持他们的漂浮状态和体温。在等待救援过程中,客舱乘务员要组织旅客使用救生包里的水桶和海绵清理船内积水,以保持滑梯/救生筏底部尽可能干燥。固定好所有物品,支好天篷。将所有滑梯/救生筏以7~8米为间隔连接在一起,保证充气柱体内的空气充足,但不要过多。

如发现有飞机飞过,可将滑梯/救生筏相互拉近,使天篷的颜色更易被识别,如有大浪须避免这样做,否则可能会使滑梯/救生筏颠覆。

海上救援需要所有人员的努力配合,因此滑梯/救生筏的人员应该积极参与救援工作,协助滑梯/救生筏的维护,这不但有利于利用时间,还可以在精神上鼓舞旅客和机组人员,使大家都有责任感,提高士气。

> **知识拓展**
>
> 机上出口分为两种:一种是地板高度出口,即不需要跨越任何障碍、可顺着客舱地板直接到达。大部分机型的登机门和服务门都是地板高度出口。另一种是非地板高度出口,大多数紧急出口属于非地板高度出口。通常地板高度出口都装有滑梯或滑梯/救生筏,部分机型的非地板高度出口附带有滑梯装置。那些带有滑梯或滑梯/救生筏装置的出口,在紧急情况下充气方式基本一致,即滑梯或滑梯/救生筏处于预位/待命状态下,打开舱门时,滑梯或滑梯/救生筏可自动充气,若自动充气装置失效或充气不足,可拉滑梯或滑梯/救生筏顶端的红色人工充气手柄进行人工充气。

第二节 准备时间有限的撤离

微课程视频

准备时间有限的撤离

准备时间有限的撤离是指让飞行机组和客舱机组准备的时间少于10分钟的撤离。由于时间有限,客舱准备的顺序应该是:固定好客舱和厨房里的松散物品,检查旅客安全带、座椅靠背和小桌板(包括脚蹬、小电视屏),禁止吸烟,防冲击姿势演示,救生衣演示(水上撤离)。如果还有时间,客舱乘务员在其座位上继续以下项目或以广播的方式进行:紧急出口指示、选择出口援助者。在准备时间有限的撤离准备中,直接让紧靠出口或客舱乘务员座位对面的旅客作为援助者。

准备时间有限的撤离是否成功,除机组人员之间的有效协作和沟通以及旅客的配合外,客舱乘务员自身良好的工作习惯和工作能力也非常重要。客舱乘务员必须掌握客舱里应急设备的位置、用途、使用方法、注意事项和出口操作以及应急处置程序,要具备过硬的心理素质,在出现紧急情况时,才能临危不乱、沉着冷静,才能做出正确的判断,快速应对,密切配合,维持客舱秩序,迅速指挥旅客撤离。

案例

2009年1月15日,全美航空1549号航班起飞6分钟后在纽约哈德逊河紧急迫降(图7-12)。飞机从纽约长岛拉瓜迪亚机场起飞后1分钟左右,在900米高空遭到鸟击,两台发动机都失去动力,机长向机场塔台报告要求立即返回机场。但情况迅速恶化,机长立刻意识到返回到起飞地机场已不可能,准备飞往新泽西的泰特伯勒机场作紧急降落;但其后机长又发现当时飞机的高度及下降速率无法让客机安全降落于泰特伯勒机场。于是,机长决定避开人烟稠密地区,冒险让客机紧急降落在贯穿纽约市的哈德逊河上。迫降后,飞机机尾首先触水,其后以机腹接触水面滑行,飞机左侧的一号发动机于水面滑行期间脱落沉入河底。最后,飞机于曼克顿附近停止滑行,机身大致保持完整。所有人都停留在机翼及滑梯/救生筏上等待救援。机上乘客和机组人员共155人,包括2名飞行员和3名乘务人员。机上人员全部获救,没有旅客受重伤。

图 7-12 哈德逊河上紧急迫降

第三节 无准备的撤离

微课程视频
无准备的撤离

　　无准备的撤离通常发生在飞机滑跑、起飞和着陆阶段。由于没有时间为无准备的迫降事件做客舱准备,因此,客舱乘务员必须事先做好充分的防范工作,如:起飞前的应急设备检查、对旅客的安全简介、起飞和落地的安全检查以及在每一次起飞和下降时坐在客舱乘务员座椅上静默撤离程序。对于无准备的迫降,最重要的就是在飞机撞击地面时,立即采取防冲击姿势,并持续到飞机完全停下来为止,同时用中英文交替向旅客下达指令:"低头弯腰!紧迫用力!"或"抱紧!防撞!"(Brace!)。飞机停稳后,如果应急撤离灯没有亮,立即使用客舱乘务员面板上的应急灯开关将应急灯打开。

　　当机长发出撤离指令时,立即解开安全带,进行紧急撤离。若没有来自驾驶舱的指令,应由乘务长立即联络驾驶舱,获取机体结构性损伤、起火等信息,协调是否需要紧急撤离。客舱乘务员在飞机停稳 30 秒内未接获任何指令,若出现以下最严重情况时,如严重的结构性损伤、机体破损,威胁性起火或烟雾,水上迫降,发动机周围漏油,客舱乘务员可以自行决定指挥旅客紧急撤离。

当决定不撤离时,客舱乘务员会收到来自驾驶舱的广播通知:"不需要撤离""乘务员留在原位"。为防止可能出现的恐慌局面,客舱乘务员必须在飞机停稳后迅速控制旅客,指挥旅客保持镇静、在原座位坐好。

案例　2011年12月9日,一架由上海飞往香港的国泰365航班波音B747飞机起飞滑行时,机舱内突然冒出烟雾,出现火灾险情。机组、乘务组指挥旅客实施紧急撤离(图7-13)。351名乘客及19名机组人员全部撤出,有7名旅客和2名乘务员受轻伤。从出现烟雾到实施撤离用了5分钟时间,航班在出现烟雾火情后,很多旅客忙着发微博,做现场直播;撤离时,部分旅客与国泰乘务员发生争吵;很多旅客拿着大包小包往下跳,甚至还有旅客拎着很大的拉杆箱;3个年轻人一直在起哄,不顾秩序在后面使劲推搡,3名旅客直接被推下充气滑梯。撤离后有旅客在飞机下闲庭信步,有人不慌不忙在飞机底下玩自拍,或就在滑梯底部照相,不但置自身安全于不顾,还挡住了后面旅客的逃生通道。

图7-13　国泰航空上海浦东机场紧急撤离

本章小结

本章简单概述了紧急撤离的六种形式:有计划的陆地撤离和水上撤离、准备时间有限的陆地撤离和水上撤离以及无准备的陆地撤离和水上撤离。重点介绍了有准备的陆地撤离和水上撤离程序。飞机迫降成功后,旅客是否能安全、迅速地撤离在很大程度上取决于客舱乘务员对紧急情况的把握、撤离程序的执行以及机组人员间的良好配合。

思考与练习

一、填空题

1. 中国民航局在 CCAR-121 部中明确了客舱乘务员初始培训和年度复训科目必须包括 _____。

2. 紧急撤离时,客舱指挥权的接替顺序是依据 _____。

3. 有准备的陆地撤离是指准备时间通常在 _____ 以上。

4. 紧急撤离前的准备中,客舱乘务员必须关闭厨房电器 _____ 并拔出所有设备的 _____。

5. 在向旅客介绍出口位置时,客舱乘务员必须要和 _____ 的每位旅客确认他们知道离他们最近的 _____。

6. 飞机迫降前所有准备工作完成后,客舱乘务员要求旅客取下 _____、假牙和 _____。

7. 对于无准备迫降,在飞机撞击地面时,客舱乘务员应用中英文交替发出 _____ 指令。

8. 身体受限旅客的防冲击姿势为:将手放在头的后面,_____;或者把手臂放在 _____。

9. 有准备的水上撤离客舱准备程序在舱门打开前和 _____ 的程序几乎一样,但要增加 _____。

10. 水上撤离时,客舱乘务员打开舱门前需确认该出口附近无烟、_____、无障碍、_____。

二、判断题

1. 一般情况下乘务长可指定一名客舱乘务员对旅客进行紧急情况广播。(   )

2. 客舱安全检查时客舱乘务员应要求旅客取下身上所有的尖锐物品,包括眼镜。(   )

3. 客舱乘务员向旅客介绍防冲撞姿势时应该包含所有类别旅客的防冲撞姿势。(   )

4. 选择援助者时应该优先考虑身强力壮、与家人一起旅行的男性旅客。(   )

5. 当飞机机腹着陆时,最好不要使用翼上紧急出口撤离。（   ）

6. 旅客撤离时应禁止携带任何行李。（   ）

7. 水上撤离时,要求旅客离开舱门前穿上救生衣并马上充气。（   ）

8. 水上撤离时,客舱乘务员指挥旅客把滑梯/救生筏划到没有障碍物和飞机的下风区域。（   ）

9. 准备时间有限的撤离是指飞行机组和客舱机组准备的时间少于五分钟的撤离。（   ）

10. 客舱乘务员在飞机停稳30秒内未接获任何指令时,可以决定指挥旅客紧急撤离。（   ）

三、简述题

1. 在有准备的陆地迫降中客舱准备程序包括哪些程序？
2. 请简述两种不同的安全姿势和适用人群。
3. 请简述紧急撤离时援助者的主要任务。
4. 在哪些情况下客舱乘务员可自行决定紧急撤离？
5. 水上迫降分为几个阶段？开启舱门前应注意观察哪些事项？

第八章

逃生技能

✿ **素质目标**

1. 培养学生责任感和使命感；
2. 培养学生正确的世界观、价值观；
3. 培养学生团队精神。

✿ **学习目标**

1. 掌握常用的求救信号；
2. 了解陆地逃生基本技能；
3. 了解海上逃生基本技能；
4. 了解其他自然环境逃生的基本技能。

第一节 求生的基本原则

如果迫降发生在苍茫大海、沙漠、丛林等远离救援且环境恶劣的地点，从飞机上安全撤离就只是成功获救的第一步，更重要的是在恶劣环境下能够生存下去，直到获救。要达到这样的目标，遇险人群必须要有强烈的求生意识，做好生存计划，并熟悉各种生存技巧及求救方法。

生存的首要条件是具备求生的欲望。许多成功的求生案例都表明，坚定、强烈的求生意识可以克服许多困难。要知道，消极的态度是生存的一大危险。某些生理状态会导致消极情绪的产生，例如寒冷、脱水、疲劳、受伤等。机组成员必须有能力使自己和其他共同患难者拥有乐观的精神。因为，竭尽所能保护旅客的安全，并使他们成功获救是机组成员不可推卸的责任。

在求生过程中，另一个非常重要的因素是个人素质，尤其是领导者的个人素质，在这里的"领导者"就是指我们的机组成员，因为机组成员都经过专业训练，拥有积极的态度和专业的应对艰难的能力。机组成员应该能够做出正确的判断与决定，并懂得适时灵活变通，保持镇定，能够很快地适应环境，把不利变为有利。

空难发生后，飞行机组首先应该把全部人群撤离到安全地带。为了便于被搜救人员发现，当确认飞机没有爆炸失火的可能后，客舱乘务员组织所有旅客在飞机附近等待营救。如需要离开失事地点，应做好标记，以便营救人员寻找。尽可能多地带上饮料、食品、毛毯及医疗救护用品，如药箱、急救箱甚至氧气瓶，以便更好地抵御有可能的灾难；带上信号器具，如手电筒、扩音器、应急定位发射器，以便发布求救信号；同时还要带上旅客舱单，用于确定受伤、死亡及失踪者人数。

积极做好生存计划。首先应该对所面临的处境作正确评估，它包括对生存环境、幸存人员的生理状况、所携带的生活用品、求生设备等进行评估。然后根据评估结果做出生存计划。建好掩体，将食物、水、求生设备、医疗设备等统一管理、统一分配。对有可能面临的困难做出预见，并考虑解决的办法。

第二节 求救信号

成功获救的首要前提是使他人知道你的处境,告知别人你的位置,并努力取得联系。英文字母"SOS"是国际通用的求救信号,可以直接在地上写出,也可通过无线电、灯光、声响等方式发出。SOS 的莫尔斯电码是三短、三长、三短。

客舱乘务员可以利用应急定位发射器、救生包内的信号弹、反光镜、哨子、手电筒等发出求救信号,另外也可以通过火堆或燃烧所带来的烟雾、拼搭地对空目视信号等方式发出求救信号,还可以将飞机的玻璃、整流罩、救生衣、滑梯等有反光作用或色彩鲜艳的物品堆放在遇险人群周围以引起营救人员的注意。

燃放三堆大火(图 8-1),并摆成三角形是国际通行的方式,若材料不足,也可只点一堆火。为防火势蔓延,火堆四周应围小墙。若附近有河流,也可如图 8-1 所示扎三个小木筏,将火种放在上面,并在两岸固定,沿水流作箭头状。

图 8-1 求救信号

浓烟是很好的定位方式,浓烟升空后会与周围环境形成反差,引人注目。在火堆上添加绿草、绿叶、苔藓、蕨类植物或任何其他湿的物品都可形成浓烟,这种方式适用于丛林;在火堆上添加汽油与橡胶会形成黑色浓烟,这种方式适用于雪地或沙漠。

拼搭地对空目视信号时,信号至少应长2.5米(8英尺),并须尽可能使之醒目(表8-1)。信号可由任何东西做成,如用布带条、木片、石块之类,表面用机油涂刷或加以踩踏,使之醒目。也可以同时使用其他方法,如无线电、火光、烟或反光等,以引起营救人员对上述信号的注意。

国际通用的地对空目视信号　　　　　表8-1

编号	意义	信号
1	需要援助	V
2	需要医药援助	X
3	不是或否定	N
4	是或肯定	Y
5	向此方向前进	↑

几乎任何重复三次的行动都象征着寻求援助。根据自己所在的位置,可以点燃三堆火,制造三股浓烟,发出三声响亮的口哨、三声枪响,甚至三次火光闪耀。如果使用声音或者灯光信号,在每组发送三次信号后,间隔1分钟时间,然后再次重复。

当飞机在空中发现了地面发出的求救信号时,空中的营救人员会采取以下方式中的某一种方式来作出应答。

(1)收到了信息并且理解:在白天,驾驶飞机并摇摆机翼;在夜晚,可开关着陆灯两次(如无此设备,则开关航行灯两次)。

(2)收到信息但不理解:在白天,驾驶飞机向右手一侧的方向作旋转;在夜晚,亮起红灯。

地面信号物可以使营救人员了解你的位置或者过去的位置,并有助于他们寻找你的行动路径。当离开失事地点或营地时,应留下一些信号物,比如制作一些大型的箭头形信号,表明自己的前进方向,且使这些信号在空中也能一目了然;也可以制作其他一些方向指示标,并在一路上不断地留下指示标,这样做不仅可以让救援人员追寻而至,而且在自己希望返回时也不至于迷路。这些信号物可由树杈或碎石片等天然材料摆成(图8-2)。

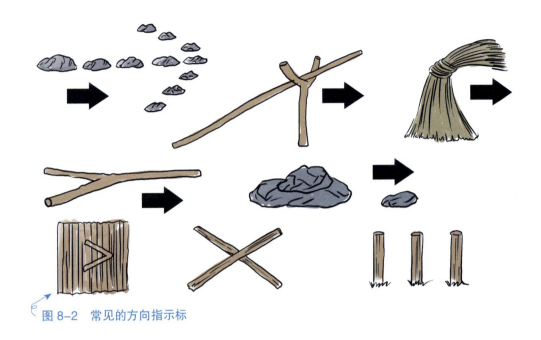

图8-2 常见的方向指示标

第三节 陆地求生

当陆地撤离发生在偏僻和荒凉地区时,营救人员还不能马上赶到之前,幸存者应做陆地求生的准备。

一、撤离后的组织

首先远离飞机,避免火侵害;当发动机冷却后,燃油蒸发,火已熄灭时,设法返回飞机。客舱乘务员及时对受伤人员实施急救,并请求旅客中的医务人员提供援助。集合并清点幸存人数,将其分为几个小组,每组人数5~10人,指定一名组长负责管理,总的任务由机组人员下达,具体的任务由组长分配给每一个人。利用就地材料搭设临时避难所,准备好发出求救信号的设备。

二、建立避难所

利用山区和岸边的山洞、凸出的大岩下边以及树和树枝建成天然的避难所;如果飞机没有发生爆炸,完整的机身、机翼和尾翼、滑梯/救生筏和机舱内的塑料绝缘扳都可以成为旅客的避难所。组织旅客搭建避难所时要注意:山洞里面可能会很潮湿,同时可能会有其他生物存在;冬天不宜依靠机身修建避难所,因金属散热过快;尽量避免在低洼和溪谷处修建避难所,防止让洪水冲走;不宜在茂密及过深的草木丛林中修建避难所。

三、饮水

在生存中,水比食物更为重要。水是人生存的必需品。当客舱乘务员从飞机上撤离时,应尽可能地多带水和饮料。万一没有足够的水源,可以试试干枯的河床下面是否有水;热带丛林的植物也富含水分,丛林中植物的乳汁状的汁液不能喝,可能有毒;寒冷地带的冰和雪也可以作为水分补充,但不要直接食用,因为雪和冰会降低人的体温或造成更严重的脱水;顺着动物的足迹和粪便等也可以找到水源。

四、取火

火是野外生存的基本需要之一。它可以取暖、做饭、烘干衣服,防止野兽的袭击和做联络信号。

生火的一般顺序是从火花到引火物,再到燃料。飞机上的信号弹是一种最佳火种,但也是最后的手段。棉绒、纸绒、脱脂棉、蘸过汽油的抹布、干枯的草和毛状植物、鸟的羽绒及鸟巢都可以作为引燃物;凡是可以燃烧的东西都可以作为燃料,并可以混合在一起使用。

火场最好设置在沙土地和坚硬的岩石上。如果丛林中生火要尽可能地选择在林中的空地上,同时要清除周围地面上的一切可燃物,如树枝、树叶、枯草等,还要在近处准备好水、沙子或干土,以防引起森林大火。如果是在雪地、湿地或冰面上生火,可先用木头或石块搭一个生火的平台。作为取暖用的火,可利用天然的沟坎,或先用圆木垒成墙,以利于将热量反射到隐蔽所中。

五、陆地生存要点

如果无法确认被获救时间,为了保存体力和良好的精神状态,应保证有足够的休息和睡眠;保持避难所的清洁;沙漠中应尽可能地躲避太阳的辐射,以减少体内水分的蒸发,最好在傍晚、清晨、夜间寻找水源和食物;丛林地带应避免蚊虫叮咬。在身体条件允许的情况下,适当锻炼身体,但不要超量。除必须转移到安全干燥的地区以外,幸存者应留在遇险地区等待救援。人员要集中,避免走散,随时清点人数。

第四节 海上求生

一、海上生存的特点

地球表面大约75%的地方被水覆盖着,而其中70%左右是海洋。海洋表面的水温年平均温度不超过20摄氏度,有30%的海洋表面水温在4摄氏度以下。寒冷的水温会严重影响人的生命,因此在水上逃生时,应尽可能使旅客直接登筏或上船。表8-2为身着薄衣的成人在10摄氏度的水温中生存时间。

身着薄衣的成人在10摄氏度的水温中生存时间(单位:小时)　　　表8-2

救生衣情况	姿势	生存时间
无救生衣	踩水	2
有救生衣	游泳	2
	保护姿势	4

在海上求生,需要面对海浪和海风,也可能会遭遇严寒和酷暑,而能利用的资源却非常有限。因此,当机组撤离时,就应该尽可能多携带食物和水。

海上生存面临许多困难:海上缺乏参照物,难辨方向,不易发现目标,生存人员很难判断所处的位置;海面风大浪高,平均风力3~4级,大风时可达10级以上;缺乏淡水;水温低,表面平均水温不超过20摄氏度,有30%的水表温度为4摄氏度以下；海洋生物对人的伤害，所有海洋生物中鲨鱼是最需要警惕的，特别是大白鲨、灰鲭鲨、虎鲨和双髻鲨，它们的嗅觉灵敏，水中的血液也会使它们兴奋。同时它们对水里传播的振动非常敏感，任何一点轻微的振动都会将鲨鱼很快地吸引过来。

二、饮水

淡水是生存中至关重要的必需品，有了水，才能保证身体的正常代谢，没有水人只能活几天。所以，幸存者感到干渴时，应尽量饮水以保证身体的正常需要。

海水是海上生存者面对的最大的水源，然而海水是不能直接饮用的，即使加入部分淡水也不能直接饮用。如果饮用就会增加脱水，这对人体组织具有破坏作用，会引起许多器官和系统的严重损伤。因此，在海上生存中是禁止直接饮用海水的。离机前，尽量收集机上饮料带到船上；利用船上的设备储存雨水；收集金属表面的露水；利用海水淡化剂淡化海水使其成为可饮用淡水。饮水时先喝已有的淡水，再进行海水的淡化。除非特别渴，否则在救生船的第一个24小时不要喝水（婴儿和伤员可适当分配点水）。不能抽烟，不能饮用酒及咖啡因制品，避免体内水分的散失。尽量少动，多休息，减少体内水分的消耗。

三、食物

远海鱼类大多数是可以吃的，可以做一个捞网来捞鱼、蟹及小虾，在晚上，可以用手电筒照射在水面吸引鱼类，以便捕捉。在远离海岸的海水中，有时也会发现有海草漂浮在水面上，海草含有丰富的矿物质，但是每次只能吃一点，因为有可能会引起腹泻。

四、发现陆地

确定陆地海岛的位置。在晴朗的天空，远处有积云或其他云聚集在那里，积云下面可能有陆地或岛屿。黎明鸟群飞出的方向，黄昏鸟群飞回的方向，可能是陆地岛屿。通常情况下，白天风由海上吹向陆地，晚上风由陆地吹向海洋。在热带海域，天空或云底的淡绿色，通常是由珊瑚礁或暗礁所反射形成的漂浮的树木或植物，这意味着附近有陆地。

五、逃生

如果飞机在海面迫降时已经解体,旅客应该迅速离开残缺的机体,因为破损的飞机金属结构会很快沉入水中。如果客舱乘务员来不及放出滑梯/救生筏或救生船、旅客没有时间穿好救生衣,旅客直接入水后尽快找到漂浮物,如座椅椅垫、面积较大的残损机翼,尽量不要让自己下沉,迅速离开被燃油污染的水域。海上风大浪高,天气变化较大,生存人员要保存好体力,不要盲目游泳,除非离岸边很近,最好在失事地点附近等待救援。

当救援船驶到救生船旁边时,一定要静坐在船上等待救援人员来救,不要急于离开救生船,因为在海上等了好几个小时,人们的身体已经很虚弱了。

第五节 其他自然环境里的生存

一、极地冬季生存

极地地区的冬季气温在 -60~-50℃,常伴有大风,风速有时会在每小时 40 千米以上。大风会导致实际气温远低于温度计显示的温度。正常情况下人体内部的温度保持在 36℃左右,当人身体不由自主地发颤时,表明体温已经开始下降了,而体温低于 30℃对身体是极为有害的,当体温降至 25℃以下时,死亡几乎是不可避免的了。极度的寒冷还可能导致冻伤,甚至危及生命。

北极圈内的陆地几乎终年冰封,海面上漂浮着巨大的冰山。一年中只有两个季节——漫长的冬季和短暂的夏季。隆冬季节有时全天是黑夜,仲夏时则会 24 小时全为白昼。除了冰河和封冻的大海,在北极地区夏季气温可达 18℃,但冬季里会降至 -56℃,而且气温不会超过零点。在东西伯利亚地区,曾有过 -69℃ 的低温。北极地区秋冬之际,飓风能将积雪上扬 30 米,给人的感觉就像一场来临的暴风雪。伴随着低温,狂风有明显的冷凝效果,比温度计显示的低温还要厉害得多。例如,-14℃

时,每小时 32 千米的风速会使实际气温相当于 –34℃,如果风速达每小时 64 千米,将相当于 –42℃ 的严寒。气温越低,实际下降的效果会更明显。

极地求生需要具备坚强的意志和毅力、较好的生存技能,更要具备强健的体魄和体力(图 8-3)。搭建掩体时要避免积雪和雪霜;尽量将救生船、滑梯、天篷等架空,以达到抗风、保暖、防风的目的。携带救生衣作御寒之用。卸下并带上滑梯/救生筏,使之充气架好,作为掩体避寒。将机上的枕头、毛毯分给旅客带下飞机,靠近坐好以保存体温,预防冻伤和低温症。指挥旅客做温和的运动,如曲伸腿部,运动手指和脚趾,揉搓面部皮肤以防形成僵硬红斑。避免喝酒精饮料,因有可能促进体温的挥发。经常保持掩体内空气新鲜,避免二氧化碳含量过高造成危害。不要让全体旅客同时睡觉,安排轮流工作。

图 8-3 极地求助

火源是极地生存所必需的条件之一。从失事飞机中取出的燃料可以帮助取暖。在南极大陆和北极冰川上,海豹和海鸟的脂肪是唯一可得的其他燃料来源。苔原地区能够找到低矮蔓延的柳树,森林的延伸地带也生长着一些白桦丛林和桧属植物。白桦树是油质树种,非常易于点燃,即便潮湿的树枝也是如此。另一种像石楠一样蔓延的低矮植物含有较多的树脂,潮湿时也能燃烧。

即使天气严寒,人每天也得至少补充大约 1000 毫升的水分。夏季苔原地区的湖泊和溪流水源充足。池塘里的池水看上去呈深褐色,尝起来感到不太纯,不过生长在池塘里的植物能保持池水新鲜,可以饮用。如果怀疑其安全性,最好将水煮沸后使用。在冬季可以融化雪水,不要直接食用冰和雪解渴,因为雪和冰降低人的体温或造成更严重的脱水。

雪地行走需要护目镜或其他布块甚至树皮来保护眼睛,免受强烈的反射光刺伤。中间还要留一道狭长裂口。强烈的阳光经白雪的反射,长时间会使人产生雪盲。雪盲是一种视力短暂消失的形式,它是由于太阳光线强度过高,过于集中而引起的(通常是经过地面冰雪反射或经过云层上的冰晶反射)。用炭笔涂黑眼帘下方可以减少雪晕。

一旦发现搜救人员时,立即使用求救信号,如使用应急定位发射器、烟雾信号和反光镜(白天使用)、信号弹(夜间使用)等。放烟雾信号和信号弹时要在下风侧。

二、热带酷暑求生

夏季气温通常较高且日照强烈,在赤道附近与亚热带地区还会出现40~50℃的高温,且通常还伴有高湿度的情况(湿度高达80%~90%),直接在阳光下暴晒,会导致疾病的发生(如中暑、热痉挛、热射病等),这会加速体能的消耗,身体脱水或缺水会直接威胁生存。

热带地区最大的危险来自于昆虫,它们有些传播疾病,有些叮咬有毒。蚊子、蚂蚁、蜈蚣、水蛭等都生活在潮湿的热带地区。因此,在热带地区求生时,应尽量避开那些可能使蚊虫滋生的地方,衣服要穿严实,特别是在晚上。还可以点上火堆,并弄出烟来(任何湿的材料燃烧时都会有烟),这样可以驱赶蚊子和飞虫。

因此,应尽量穿白色或浅色衣服,尽量避免防止阳光直射。白天休息,晚上工作。在掩体或树荫下休息。如可能多喝水,适当补充盐分。

三、沙漠求生

沙漠通常是广阔、干燥和荒芜的地域,昼夜温差很大,有时可达20~30℃。这种地方的生存问题是最严重的。必须考虑以下环境因素:降雨少、烈日酷暑、温差大、地表矿物含量高、植物稀少、沙暴、海市蜃楼、光线水平等(图8-4)。

图8-4 沙漠植被

降雨少是干旱地区最明显的特征,即使有降雨也会迅速渗入地下。因此,在沙漠生存,首先要考虑的就是水。烈日酷暑是所有干旱地区都要面临的问题,同时,它也增加了身体对水的需求。因此,有一个避身之处以减少暴露在酷热之下的时间就显得尤为重要。沙漠白天虽然很热,但夜晚温度却会降到很低,因此,必须尽可能多带些御寒的衣服。

沙漠地区会经常出现海市蜃楼,它是一种光学现象,沙质或石质地表热空气上升,使得光线发生折射作用,于是就产生了海市蜃楼。海市蜃楼会让人很难辨别远处的物体,同时还会使陆地导航变得非常困难。在海市蜃楼环境中,天然特征都变得模糊不清了。

沙漠地区的光线水平会很强。在有月光的夜晚,空气变得清澈透明,人们可以看见很远处的灯光和红色信号灯,声音也会传得很远。

在干旱地区生存的一个关键问题是水。身体需要水来保持平衡,如果水的摄入低于需要的量,就会影响一个人正常的活动,甚至是生命。而无论是工作、运动,还是高温,都会造成出汗,出的汗越多,身体流失的水分也就越多,这样发展下去,同样也会影响生命。因此,白天人们应尽可能减少活动,保存体力。如果水的供应严重不足,就不要吃东西。因为食物需要用水来消化。设法寻找水源,以增加水的供给,有一些植物,如仙人掌类就富含水分,或在昼夜温差很大时,凝结水蒸气以取水。

> **知识拓展**
>
> 在野外迷路时,人们可以通过身边的地物来判断方向。独立的大树通常南面枝叶茂盛,树皮光滑,北面树枝稀疏且树皮粗糙;其南面通常青草茂密,北面较潮湿且长有青苔。森林中空地的北部边缘青草较茂密;树桩断面的年轮,一般向南一侧较为稀疏,向北一侧则较紧密;蚂蚁的洞穴多在大树的南面,而且洞口朝南。

本章小结

本章概述了紧急迫降后人们在恶劣的自然环境以及远离救援时如何生存,重点介绍了求救信号的种类、如何利用周围环境发出求救信号、陆地和水上求生技巧等内容。通过本章的学习,学生能基本了解和掌握发生紧急情况时如何发出求救信号以及野外求生技巧。

思考与练习

一、填空题

1. 人们可以通过火堆或燃烧所带来的 _____、拼搭地对空 _____ 等方式发出求救信号。

2. 在山中人们可以通过每分钟闪照手电筒 _____ 次发出求救信号。

3. 在国际通用的地对空目视信号中,"V"表示 _____;"X"表示 _____。

4. 搭建避难所时,冬天不宜依靠 _____,因金属散热过快;同时也要尽量避免不要搭建在低洼和 _____ 处。

5. 海上生存面临的两个问题是缺乏 _____ 和 _____。

6. 水源紧张的情况下,人们最好在第一个 _____ 小时不要喝水。

7. 极地地区的冬季气温在 _____ 左右,风速有时会在 _____ 千米/小时以上。

8. 在白天,空中的营救人员看到地面人员发出的求救信号后,通过摇摆 _____ 表示收到了信息并且 _____。

9. 直接饮用海水会造成人 _____,同时也会导致人的 _____ 和系统严重损伤。

10. 座椅椅垫、面积较大的 _____ 都可以作为漂浮物;如果有燃油泄漏,迅速离开 _____ 水域。

二、判断题

1. 只要我们掌握了各种生存技巧和求救方法,我们就可以在恶劣的自然环境里生存。(　　)

2. 当飞机没有爆炸失火的危险,客舱乘务员可以组织旅客在飞机附近等待营救。(　　)

3. 我们可以用石块拼出 SOS 来发出求救信号。(　　)

4. 任何色彩鲜艳的物品都可以用来发出求救信号。（　　）

5. 如果找不到水源,人们可以直接食用冰雪来补充水分。（　　）

6. 在严寒地带迫降后,人们可以适当喝点酒类饮料来保持体温。（　　）

7. 海上漂流时,人们可以通过积云来判断附近是否有陆地或岛屿。（　　）

8. 当救援船只到达后,遇险旅客应迅速离开救生船,不要静坐在船上等待救援。
（　　）

9. 雪地行走时间过长会使人产生雪盲。（　　）

10. 沙漠里我们可以吃仙人掌来补充水分。（　　）

三、简答题

1. 国际上通用的求救信号有哪些？

2. 救援飞机通过哪些方式向地面传达信息？

3. 飞机陆地迫降后机组人员应采取哪些措施来帮助旅客？

4. 在海上等待救援时可以通过哪些方式来收集淡水？

5. 极地生存时人们面临哪些主要挑战？

参考文献

[1] 中华人民共和国交通运输部. 交通运输部关于修改《大型飞机公共航空运输承运人运行合格审定规则》的决定 [EB/OL]. (2021-04-14)[2023-06-01].https://xxgk.mot.gov.cn/2020/jigou/fgs/202104/t20210414_3567504.html.

[2] 中国民用航空局. 残疾人航空运输管理办法 [EB/OL]. (2015-01-28)[2023-06-01]. http://www.caac.gov.cn/XXGK/XXGK/ZCFB/201511/t20151104_10954.html.

[3] 中国民用航空局. 一般运行和飞行规则 [EB/OL]. (2007-11-07)[2023-06-01]. http://www.caac.gov.cn/XXGK/XXGK/TZTG/201510/t20151022_2446.html.

[4] 中国民用航空局. 高原机场运行 [EB/OL]. (2015-11-02)[2023-06-01]. http://www.caac.gov.cn/XXGK/XXGK/GFXWJ/201601/t20160113_26521.html.

[5] Airbus.Getting to Grips with Cabin Safety[Z].2005.